Hallo, du Schöne

Badebombe, Lipgloss und Rosenöl
Einfache DIY-Schönheitsrezepte für Mädchen

Inez Gavilanes

Hallo, du
Schöne

Badebombe, Lipgloss und Rosenöl
Einfache DIY-Schönheitsrezepte für Mädchen

Aus dem Dänischen von Eva Eckinger

Arena

Inhalt

Vorwort

Hallo, du Schöne!

Herzlichen Glückwunsch zu deinem neuen Buch über natürliche Schönheit. Ich hoffe, du wirst eine Menge schöner Erlebnisse und viele angenehme Stunden damit haben. Verwöhne dich mit den tollen DIY-Produkten aus diesem Buch einmal so richtig selbst. Hier findest du das perfekte Pflegeprogramm für den ganzen Körper.

Die Zutaten, die du für die vorgeschlagenen »Schönheits-Rezepte« brauchst, gibt es für wenig Geld in ganz normalen Geschäften zu kaufen. Verwendet wurden hier nur natürliche Inhaltsstoffe – keine giftige Chemie und keine nutzlosen Füllstoffe. Dadurch kannst du viele der Produkte auch dauerhaft anwenden. Die meisten Anleitungen sind einfach und leicht verständlich. Du kannst also schon bald loslegen!

Im letzten Teil des Buches findest du Wege zur inneren Schönheit. Deine Ausstrahlung, dein Lächeln, der Glanz in deinen Augen und nicht zuletzt auch deine innere Balance haben großen Einfluss darauf, wie schön du auf andere wirkst – mehr, als du vielleicht denkst. Und wenn du, so wie ich früher, dazu neigst, die Nase vor deinem eigenen Spiegelbild zu rümpfen, habe ich Tipps für dich, wie du mit deinem Körper, so wie er ist, glücklich wirst. Das braucht vielleicht ein wenig Übung, aber wenn es dann endlich klappt, fühlt es sich fantastisch an.

Sich selbst voll und ganz zu lieben, ist die Voraussetzung für viele wundervolle Dinge im Leben.

Ich wünsche dir richtig viel Spaß bei allem, was du tust!

Liebe Grüße

Inez Gavilanes

Finde deinen
Hauttyp

Es gibt vier verschiedene Hauttypen: TROCKENE, NORMALE, FETTIGE und MISCHHAUT.

Du solltest herausfinden, welchen Hauttyp du hast. Das ist nämlich entscheidend dafür, wie du deine Haut am besten pflegst.

Der Zustand deiner Haut ist möglicherweise nicht immer gleich. So kann sie mitten im Sommer fettig, im Winter aber trocken sein.

Achte darauf, wie es deiner Haut geht, und gib ihr genau das, was sie gerade braucht.

Trockene Haut

Leicht trockene Haut sieht oft matt aus und fühlt sich gespannt oder rau an, wenn sie sehr trocken ist. Es können gerötete, irritierte Stellen und Juckreiz entstehen. Ebenso bildet die Haut bisweilen Schuppen oder auch Schorf. Im schlimmsten Fall kann die Haut sogar reißen oder aufplatzen.

Trockene Haut entsteht, wenn weniger Talg produziert wird als bei normaler Haut. Deshalb kann sie Feuchtigkeit nur unzureichend speichern und keinen so guten Schutz gegen Einflüsse wie Frost oder trockene Luft aufbauen. Verwende nährende Masken, Cremes, Peelings oder Salben mit viel Feuchtigkeit und Fett. Meide Produkte mit austrocknendem und entfettendem Effekt.

Normale Haut

Normale Haut ist weder zu trocken noch zu fettig. Sie liegt genau dazwischen. Normale Haut hat feine Poren und eine gleichmäßige Farbe. Sie ist weich, glatt und hat für gewöhnlich keine Unreinheiten wie Pickel, Mitesser oder Ähnliches. Sie kann zwar durch Wind und Wetter beeinflusst werden, ist aber nicht so empfindlich wie trockene Haut.

Wenn du normale Haut hast, kannst du Pflegeprodukte verwenden, die auf sanfte Weise reinigen, sowie Masken, Cremes und Peelings mit wenig Fett, aber viel Feuchtigkeit.

Mischhaut

Bei Mischhaut hast du sowohl fettige, trockene als auch normale Haut – und zwar an verschiedenen Stellen des Gesichts. Normalerweise ist die Haut in der T-Zone (Stirn, Nase, Kinn) fettig und an den Wangen trocken oder normal.

Wenn du Mischhaut hast, solltest du Produkte mit wenig Fett und viel Feuchtigkeit verwenden. Außerdem können bei fettiger Haut antibakterielle Inhaltsstoffe von Vorteil sein.

Fettige Haut

Fettige Haut glänzt und hat sichtbare, offene Poren. Diese Anzeichen können mehr oder weniger ausgeprägt sein – je nachdem, wie fettig sie ist. Sie kann bleich und etwas dicker als normale Haut erscheinen. Außerdem weist sie oft Unreinheiten in Form von Mitessern und Pickeln auf.

Der Grund für fettige Haut ist eine übermäßige Talgproduktion. Dafür gibt es viele verschiedene Ursachen. Sie kann genetisch bedingt sein oder durch hormonelle Veränderungen in deinem Körper entstehen, was in jungen Jahren aber ganz normal ist. Auch Stress oder die Einnahme von Arzneimitteln können fettige Haut verursachen. Solltest du Kosmetika wie Foundation oder Puder verwenden, so kann es daran liegen, dass deine Poren verstopfen und die Haut dadurch fettig wird.

Wenn du diesen Hauttyp hast, verwende am besten Produkte mit antibakteriellen Wirkstoffen, welche die Haut reinigen und entfetten, ihr gleichzeitig aber auch Feuchtigkeit zuführen. Versuche zu vermeiden, dass deine Poren verstopfen. Wenn du tagsüber Make-up auf der Haut trägst, sei am Abend besonders sorgfältig mit der Reinigung und sorge für ein paar Make-up-freie Tage, an denen deine Haut viel frische Luft abbekommt.

Wenn du viele Pickel hast, kannst du auch zum Arzt gehen und dich zu möglichen medizinischen Maßnahmen beraten lassen. Manche Jugendliche leiden so sehr unter unreiner Haut, dass sie deswegen behandelt werden. Die Behandlung kann dann mit Cremes und Salben oder aber – in schlimmen Fällen – mit Tabletten erfolgen.

Tipp

Wind und Wetter haben großen Einfluss darauf, wie es deiner Haut geht. Du solltest sie stets gegen Sonneneinstrahlung und Kälte schützen. Es ist aber ebenso wichtig für deine Haut, welche Nahrung sie von innen heraus bekommt. Achte darauf, viel Wasser zu trinken und dich gesund und abwechslungsreich zu ernähren. Sorge für ausreichend Schlaf und versuche, Stress zu vermeiden.

KIWI-MASKE

mit

ausgleichendem Effekt

Rezept

1 große, reife Kiwi
100 ml Rohrzucker
Saft von ½ Zitrone

Schäle die Kiwi und schneide sie in kleine Würfel. Gib Zucker sowie Zitronensaft hinzu und vermische das Ganze sorgfältig. Massiere die Maske in sanften, kreisenden Bewegungen in die Haut ein und lasse sie 15 Minuten einwirken. Mit lauwarmem Wasser abwaschen.

Wirkung

Kiwi reinigt die Poren und beugt Unreinheiten vor. Die Frucht hat einen leicht bleichenden Effekt und wirkt gut gegen unerwünschte Verfärbungen oder Pickelnarben. Der Zucker entfernt alte, abgestorbene Hautzellen auf sanfte Weise.

Tipp

Wenn du Narben oder andere Makel auf der Haut hast, so kannst du diese Maske für eine gewisse Zeit auch täglich verwenden, bis du eine Wirkung feststellst. Dann solltest du sie aber nur einmal pro Woche einmassieren. An den Tagen, an denen du dies nicht tust, trägst du die Maske einfach nur auf die Haut auf und lässt sie 15 Minuten einwirken.

Tipp

Wusstest du, dass auch die Schale der Kiwi ein tolles Schönheitsprodukt ist? Lege die Schalen mit der feuchten Seite nach unten auf dein Gesicht und lass das Ganze 20 Minuten lang einwirken. Kiwischalen enthalten eine Menge supergesunder Antioxidantien, die deine Haut erfrischen und ihr viele Nährstoffe zuführen.

Gesichtsmaske *mit* Tomate

Rezept

1 Tomate
1 EL brauner Zucker

Hacke die Tomate in kleine Stücke und vermische sie mit dem Zucker.

Verteile die Maske zügig im Gesicht und massiere sie sanft in die Haut ein. Lass sie 10 Minuten einwirken, bevor du sie mit lauwarmem Wasser abwäschst.

Wirkung

Die Tomaten-Maske verleiht deiner Haut einen warmen Glanz. Der Zucker heilt kleine Hautschäden und entfernt abgestorbene Zellen. Wenn du die Tomaten-Maske häufig anwendest, werden sich zudem deine Poren verfeinern.

Tipp

Du kannst mit Tomaten auch deinen Haaren und der Kopfhaut Gutes tun. Purer Tomatensaft beruhigt irritierte Kopfhaut und entfernt Schuppen. Gieße den Saft über dein feuchtes Haar und lass ihn ein paar Minuten einwirken. Spüle das Ganze gut aus und wasche dir anschließend wie üblich deine Haare.

Erfrischende
Eis-Maske

Rezept

½ Gurke, in kleine Stücke
geschnitten
Saft von 2 Limetten
100 ml frische Minze

Püriere Gurke, Limettensaft
und Minze zu einer glatten
Flüssigkeit. Gieße diese Flüssigkeit in Eiswürfelförmchen
und stelle sie ins Gefrierfach.

Wenn die Eiswürfel gefroren
sind, kann die Erfrischung
kommen: Nimm einen Wür-
fel aus der Form und wickle
ihn in ein Stückchen dünnen
Baumwollstoff oder Mull.
Streiche nun mit dem einge-
wickelten Eiswürfel über die
Haut. Du wirst sofort bemer-
ken, wie die kalte Maske
die Haut strafft, eventuelle
Augenringe oder Tränensäcke
verschwinden und deine
Haut frisch aussehen lässt.

Tipp

Gurken sind in der Kosmetik-Küche echte Allround-
Talente. Wenn du zum Beispiel morgens nach dem
Aufstehen geschwollene Augen hast, kannst du die
Schwellungen mit zwei Gurkenscheiben beseitigen.
Lege dich auf den Rücken, schließe die Augen und
platziere die Gurkenscheiben auf deinen Augenlidern.
Bleibe so 10 Minuten liegen und fühle, wie deine
Augenpartie gekühlt und erfrischt wird.

Toner

Du kannst mit Gurken auch einen Toner herstellen, der
deiner Haut einen Frischekick verpasst.
Reibe eine halbe Gurke, presse den Saft in eine Schale
und gieße ihn in eine Flasche. Schwupp, schon hast du
einen erfrischenden Gesichtstoner. Du kannst ihn mit
Watte auf die Haut tupfen oder einfach aufsprühen.

Nährende
Seetang-Maske

Rezept

200 ml zerkleinerter, getrockneter Seetang (oder essbare Algen aus dem Asia- oder Bio-Laden)
250 ml Olivenöl

Zermahle eine große Portion getrockneten Tang so fein wie möglich. Du kannst dafür einen Mörser verwenden. Gib den Tang nun in ein Einmachglas und gieße langsam Olivenöl darauf, bis das Öl den Tang bedeckt. Lass die Mischung eine Woche lang ziehen, am besten auf einer sonnigen Fensterbank. Jetzt kannst du die Maske verwenden.

Verteile 1 Esslöffel davon auf dem Gesicht und lass sie 15 Minuten einwirken. Abschließend mit warmem Wasser entfernen.

Wirkung

Seetang liefert deiner Haut viele wertvolle Nährstoffe, Olivenöl macht sie geschmeidig.

Tipp

Du kannst auch Nori benutzen. Das sind die dunkelgrünen Blätter, die man normalerweise für Sushi verwendet. Nimm ein Algenblatt und schneide es oval so zurecht, dass es auf dein Gesicht passt. Schneide nun Öffnungen für die Augen, die Nase und den Mund aus. Befeuchte dein Gesicht mit lauwarmem Wasser und lege die Nori-Maske darauf. Das Blatt sollte an allen Stellen an der Haut anliegen. Du kannst bei Bedarf zusätzlich etwas Wasser von außen auf die Maske geben. Lass den Tang nun 10 bis 15 Minuten einwirken.

Fakten

Seetang ist eine Bezeichnung für verschiedene große Algenarten. Essbare Großalgen wie Nori, Wakame und Kombu sind als Lebensmittel megagesund. Sie enthalten Jod, viele Vitamine und Ballaststoffe und sind außerdem kalorienarm.

Wenn du Lust hast, dann suche mal im Internet nach Rezepten mit essbaren Algen. Wie wäre es mit einer würzigen Asia-Suppe oder mit knusprigen Algen-Crackern? Doch achte darauf, dass du mit den Algen nicht zu viel Jod zu dir nimmst.

Tipp

Wenn du an der Nord- oder Ostsee wohnst oder dort Urlaub machst, kannst du Seetang sammeln und trocknen. Beachte dazu die Tipps auf S. 63.

EIWEISS-MASKE
mit
Peelingeffekt

Rezept

1 Eiweiß
Papierservietten

Schlage das Eiweiß leicht auf und verteile es mithilfe eines Pinsels auf dem Gesicht. Lege eine Lage Servietten darüber, solange das Eiweiß noch feucht ist und sich die Servietten festsaugen können. Warte nun, bis die Maske hart geworden ist, und nimm dann die Servietten von der Haut. Entferne die Reste mit lauwarmem Wasser.

Wirkung

Die Maske entzieht überschüssiges Fett, entfernt abgestorbene Hautzellen und wirkt straffend.

Tipp

Eier sind tolle Schönmacher. Das Eiweiß wirkt straffend, das Eigelb spendet Feuchtigkeit und hat einen weich machenden Effekt. Wenn du an trockener Haut, Ausschlag, dünnem Haar, Haarausfall oder brüchigen Nägeln leidest, kann es sein, dass deinem Körper der Stoff Biotin fehlt. Möglicherweise hilft es dann, jeden Tag ein Ei zu essen, denn Eier enthalten viel Biotin.

Gesichtsmaske *mit* Hagebutte

Rezept

2 EL Joghurt
2 EL Haferflocken
1 EL Hagebuttenpulver

Vermische alle Zutaten und verrühre sie zu einer Paste. Verteile diese in kreisenden Bewegungen auf der Haut. Mit lauwarmem Wasser abwaschen.

Wirkung

Die Maske ist leicht peelend, wiederaufbauend und feuchtigkeitsspendend. Zudem ist sie wirksam gegen Akne und Hautirritationen. Haferflocken dienen als mildes Schleifmittel, und wenn du die Maske einmassierst, entfernst du so abgestorbene Hautzellen. Nun kann der Joghurt einziehen, Feuchtigkeit spenden und das Hagebuttenpulver gleichzeitig seine Wirkung entfalten.

Tipp

Hagebutte hilft bei Entzündungen und eignet sich deshalb perfekt bei Akne. Außerdem enthält sie viel gesundes Vitamin C und mindert bei der Anwendung über einen längeren Zeitraum sogar Narben und Verfärbungen.

Tipp

Wenn du fettige Haut hast, verwende am besten einen Joghurt mit niedrigem Fettgehalt.

Fakten

Hagebutte wird schon seit vielen Jahrhunderten als Naturheilmittel angewandt. Im 17. Jahrhundert setzte man sie zum Beispiel gegen Tollwut ein, was ihr den lateinischen Namen Rosa canina, Hundsrose, einbrachte.
Heute wird die Hagebutte vor allem dazu verwendet, den Magen-Darm-Trakt zu regulieren. Trink also eine Tasse Hagebuttentee, wenn du Bauchschmerzen hast, oder iss 100 ml Joghurt, vermischt mit 1 EL Hagebuttenpulver.

Reinigende
Eis-Maske
für Problemhaut

Rezept

100 ml getrocknete Gänseblümchen
(nur die Blüten)
300 ml Vollmilch
2 EL Honig
10 Tropfen Teebaumöl

Gib die Milch zusammen mit den Blumen in einen Topf, erwärme die Blumen-Milch-Mischung und lass sie unter ständigem Rühren ein paar Minuten lang kochen. Nimm den Topf vom Herd und rühre 2 EL Honig in die warme Flüssigkeit. Lass sie nun im Kühlschrank erkalten und gib anschließend Teebaumöl hinzu. Fülle die Maske in Eiswürfelförmchen oder andere Behälter und lass sie im Eisfach gefrieren.

Nimm einen Eiswürfel heraus und wickle ihn in ein Stück dünnen Baumwollstoff oder Mull. Streiche nun mit dem Eiswürfel über die Gesichtshaut.

Wirkung

Die Kälte der Maske lindert wunde Stellen, während Milch Feuchtigkeit spendet und reinigt. Honig tötet Bakterien ab, heilt und beruhigt die Haut. Gänseblümchen reinigen und heilen. Teebaumöl wiederum wirkt stark antibakteriell, das heißt, es entfernt effektiv Bakterien und macht es neuen schwerer, sich anzusiedeln.

Tipp

Du findest Gänseblümchen den ganzen Sommer über auf dem Rasen, auf Feldern und in Gräben. Du kannst einige für den späteren Gebrauch trocknen. Verteile eine Lage Blüten auf einem mit Backpapier belegten Backblech und lass sie bei 50 Grad eine halbe Stunde lang im Ofen trocknen. Schau dazwischen immer mal wieder nach, denn die Trocknungszeit kann unterschiedlich lang sein.

Gesichtsspray
mit grünem Tee

Rezept

1 EL grüner Tee (Blätter)
200 ml Wasser
2 TL Glycerin
1 EL Zitronensaft

Bereite einen starken Aufguss aus 200 ml kochendem Wasser und 1 EL grünem Tee zu. Lass den Tee 7 Minuten lang ziehen. Gib Glycerin sowie Zitronensaft hinzu und fülle das Ganze in eine Sprühflasche.

Steck dir dieses Spray einfach in die Tasche und benutze es immer dann, wenn sich deine Haut gerade müde anfühlt und eine Erfrischung nötig hat. Schüttle die Flasche und sprühe mit einem Abstand von 10 bis 15 cm ein- oder zweimal auf die Haut, um sie leicht anzufeuchten. Das Gesichtsspray kann auch über Make-up angewendet werden.

Tipp

Grüner Tee ist in Asien seit vielen Jahrtausenden als leckeres Getränk und als wirkungsvolles Naturheilmittel bekannt. Wenn du dich gestresst fühlst oder abends schlecht einschlafen kannst, versuche es mal mit einer Tasse grünem Tee.

Hauttonikum

mit

Hagebutte

Rezept

1 EL Hagebuttenpulver
1 EL getrocknete Kamillenblüten
250 ml Wasser
2 TL Glycerin
1 TL Zitronensaft

Bring das Wasser zum Kochen und gieße es über das Hagebutten-pulver und die Kamillenblüten. Lass den Aufguss 7 Minuten lang ziehen, gieße die Flüssigkeit durch ein Sieb und gib Glycerin sowie Zitronensaft hinzu.

Tauche ein Wattepad in das Haut-tonikum und befeuchte dein Gesicht. Tupfe es abschließend mit einem sauberen Handtuch trocken.

Tipp

Dieses Tonikum eignet sich für alle Hauttypen. Wenn du sehr fettige Haut hast, nimm am besten doppelt so viel Zitronensaft wie im Rezept angegeben. Zitrone entfettet die Haut. Sowohl Hagebutte als auch Kamille wirken gut gegen Akne und beide haben antisep-tische, beruhigende sowie wiederauf-bauende Eigenschaften.

Milder und effektiver
Toner aus
Rosenwasser

Rezept

10 frische Rosen
Wasser
etwas Glycerin

Pflücke die Blütenblätter von den Rosen und gib sie in einen Topf. Gieße Wasser darüber, bis sie gerade so bedeckt sind, und koche die Mischung auf. Lass das Rosenwasser 15 Minuten lang simmern und seihe es anschließend durch ein Sieb ab.
Wenn die Flüssigkeit abgekühlt ist, gibst du ein paar Tropfen Glycerin hinzu. Träufle ein bisschen davon auf ein Wattepad, betupfe damit Gesicht und Hals.

Wirkung

Rosenwasser ist der perfekte Toner für wunde Haut. Es strafft und schließt die Poren. Das Glycerin wiederum bindet die Feuchtigkeit in deiner Haut. Rosenwasser enthält keinen Alkohol und trocknet die Haut deshalb nicht aus.

Tipp

Rosenwasser kann im Kühlschrank bis zu drei Wochen lang aufbewahrt werden. Bei Zimmertemperatur aber hält es nur ein paar Tage. Du kannst dir ein kleines Fläschchen ins Badezimmer stellen und es aus der Flasche im Kühlschrank immer wieder auffüllen.

Tipp

Verwende Rosen aus dem Garten oder der freien Natur, die nicht mit Pestiziden behandelt wurden. Wildrosen findest du den ganzen Sommer hindurch an Sträuchern entlang von Wegen, in frei wachsenden Hecken und am Strand.

Rezept

Wirkung

100 ml Kokosmilch
1 EL Gänseblümchen-Öl (siehe Rezept S. 76)
1 TL Honig

Erwärme die Kokosmilch so lange, bis alle festen Teile geschmolzen sind. Löse dann den Honig in der Milch auf und gib das Gänseblümchen-Öl hinzu. Gieße die Mischung in eine dicht verschließbare Flasche. Vor Gebrauch schütteln.

Die Reinigungsmilch ist antiseptisch, spendet der Haut Feuchtigkeit sowie Fett und wirkt tiefenreinigend. Nach einem langen Tag – insbesondere wenn du Make-up verwendest – ist es wichtig, deine Haut gründlich zu reinigen, bevor du zu Bett gehst. Denn während du schläfst, regeneriert sich deine Haut, das heißt, sie stößt abgestorbene Zellen ab und bildet wieder neue.

Reinigungsmilch
mit
Kokos

Lippenbalsam

mit
Lavendel und Pfefferminze

Rezept

2 EL geriebenes Bienenwachs
2 EL Kokosöl
1 TL Mandelöl
1 TL Akazienhonig
10 Tropfen Pfefferminzöl
5 Tropfen ätherisches Lavendelöl
½ TL getrockneter Lavendel

Lass Bienenwachs, Kokos- und Mandelöl vorsichtig im Wasserbad schmelzen. Gib den Honig dazu und verrühre die Mischung sorgfältig. Nimm den Balsam vom Herd und streue getrockneten Lavendel hinein. Abschließend wird noch das Pfefferminz- und Lavendelöl hinzugefügt. Verteile die Balsammasse rasch in einem oder mehreren Behältern und lass sie abkühlen.

Tipp

Du kannst die Konsistenz des Lippenbalsams variieren. Gib einfach mehr Bienenwachs hinzu, wenn sie zu weich ist, oder mehr Mandelöl, wenn sie zu fest ist. Am besten testest du die Konsistenz, bevor du den Lavendel und die ätherischen Öle zusetzt. Dazu wird etwas warmer Balsam auf einen Löffel gegeben und dieser für ein paar Minuten in den Gefrierschrank gelegt. Wenn du ihn wieder herausnimmst, ist der Balsam bereits abgekühlt und du kannst testen, wie fest er nun ist.

Lippenbalsam
mit Rosen

Rezept

2 EL geriebenes Bienenwachs
2 EL Kokosöl
1 TL Rosenöl (siehe Rezept S. 76)
oder 1 TL Rizinusöl
2 TL getrocknete Rosenblätter
5 Tropfen ätherisches Rosenöl

Lass Bienenwachs und Kokosöl vorsichtig im Wasserbad schmelzen. Füge das Rosen- oder Rizinusöl hinzu. Die getrockneten Rosenblätter fein hacken und ebenfalls zum Balsam geben. Nimm die Mischung nun aus dem Wasserbad und lass sie einen Augenblick abkühlen. Gib das ätherische Rosenöl hinzu und gieße den Balsam in passende Behälter. Der Lippenbalsam wird beim Abkühlen fest und ist dann gebrauchsfertig.

Tipp

Wenn du andere Blumenöle hergestellt hast, kannst du natürlich auch damit einen Lippenbalsam zubereiten. Ein Balsam mit Ringelblume heilt zum Beispiel aufgesprungene Lippen. Kamillenöl tut nach einem Tag in der Sonne gut.

Cremeseife *mit*
Peelingeffekt

Rezept

175 g Cremeseife für die Seifenherstellung
2 EL Honig
1 EL Mandelöl
1 EL Mandelmehl oder geriebene süße
Mandeln
7 Tropfen Teebaumöl

Schneide die Cremeseife in kleinere Stücke und lass sie langsam im Wasserbad schmelzen. Die Temperatur darf nicht über 54 Grad liegen.
Gib Honig sowie Mandelöl hinzu und verrühre die Masse sehr vorsichtig, damit keine Luftblasen entstehen. Füge nun das Mandelmehl hinzu und lass die Seife ein wenig abkühlen, bevor du das Teebaumöl hineinträufelst. Gieße die Seife in Plastik- oder Silikonformen und rühre immer wieder um, während die Seife fest wird. Auf diese Weise kann das Mandelmehl nicht auf den Boden sinken. Sobald die Seife so weit fest geworden ist, dass sich die Mandeln nicht mehr absetzen können, stellst du die Formen mindestens 2 Stunden lang kühl.

Tipp

Honig wirkt wundheilend:
Gib Honig auf eine Wunde und bedecke sie mit Mull. Denke bitte daran, den Verband regelmäßig zu wechseln. Der Honig tötet Bakterien und fördert den Heilungsprozess.

Tipp

Die bakterienabtötenden Eigenschaften sind ebenso von Vorteil, wenn du Halsschmerzen hast. Iss einen Löffel Honig direkt aus dem Glas. Du kannst ihn auch in deinen Tee geben. Allerdings verringert sich seine Wirkung, wenn er über 40 Grad erhitzt wird.

Tipp

Bakterien können auch schlechten Atem verursachen. Daher hilft Honig möglicherweise auch bei diesem Problem.

Spülung
für
trockenes Haar

Rezept

100 ml Olivenöl
100 ml Kokosmilch
1 TL Rizinusöl
10 Tropfen ätherisches
Rosmarinöl

Erwärme die Kokosmilch so lange, bis die festeren Teile geschmolzen sind, und nimm sie dann vom Herd. Rühre Oliven- sowie Rizinusöl hinein. Wenn die Mischung vollständig abgekühlt ist, träufle noch 10 Tropfen ätherisches Rosmarinöl hinzu. Gieße die Spülung in eine Flasche und schüttle diese vor Gebrauch sorgfältig.

Gib die Spülung in kleinen Portionen ins nasse Haar und massiere sie gründlich in die Spitzen ein. Lass sie ein paar Minuten lang einwirken, bevor du sie mit lauwarmem Wasser wieder ausspülst. Die Menge an Spülung reicht für etwa 4 Haarwäschen – je nachdem, wie lang und wie trocken dein Haar ist.

Tipp

Du kannst die Spülung auch als Haarkur verwenden. Gieße die Hälfte der Portion ins feuchte Haar und massiere das Ganze von der Wurzel bis zur Spitze ein. Pack deine Haare nun in eine Plastiktüte und wickle ein Handtuch drumrum. 20 Minuten einwirken lassen, dann gründlich ausspülen.

Fakten

Rizinusöl (im Englischen *castor oil*) ist ein Pflanzenöl, das aus den Samen der Christuspalme gewonnen wird. Ihm wird nachgesagt, dass es das Haarwachstum stimuliere, und ist in vielen Haarprodukten zu finden.

Stärke dein Haarwachstum
Dieses Rezept beinhaltet drei Zutaten, die alle das Haarwachstum fördern sollen. Verwende es drei Monate lang mindestens dreimal pro Woche.

1 EL Rizinusöl
1 TL Vitamin-E-Öl
5 Tropfen ätherisches Rosmarinöl

Massiere diese Mischung gründlich in die Kopfhaut ein. Lass das Öl über Nacht wirken, spüle es dann am nächsten Morgen mit einem milden Shampoo sorgfältig aus. Verwende dafür nicht mehr als einen Teelöffel pro Haarwäsche. Danach solltest du nur eine Spülung aus natürlichen Zutaten benutzen.

Haarkur

mit **Kürbis**

Rezept

500 ml Kürbisfleisch
100 ml Wasser
1 EL Kokosöl
1 EL Honig
1 EL Olivenöl

Gib das Kürbisfleisch in einen Topf und gieße das Wasser darüber.
Bring das Ganze zum Kochen und lass es simmern, bis der Kürbis weich ist.
Püriere den Kürbis zusammen mit dem Olivenöl zu einem weichen Mus und gib Kokosöl sowie Honig hinzu.
Lass die Mischung etwas abkühlen.

Verteile die Kur nun im feuchten Haar, packe es in eine Plastiktüte ein und wickle ein Handtuch drumrum. Lass die Kur 20 Minuten lang einwirken und spüle sie abschließend sorgfältig aus.

Wirkung

Die Kur verleiht trockenem oder geschädigtem Haar Glanz und spendet ihm Feuchtigkeit.

Tipp

Wenn du schon mal einen Kürbis zu Hause hast, kannst du auch gleich eine tolle Gesichtsmaske daraus zubereiten. Koche einfach 100 ml Kürbisfleisch zusätzlich im Topf mit und nimm es wieder heraus, bevor du die Kur zubereitest.
Das brauchst du für die Gesichtsmaske:

1 EL Kürbispüree (gekocht und püriert)
1 TL Honig
1 TL frisch gepresster Zitronensaft
1 TL Vitamin-E-Öl

Vermische Honig, Vitamin-E-Öl und Zitronensaft mit dem leicht abgekühlten Kürbismus. Verteile es auf Gesicht und Hals. Lass die Maske 15 Minuten einwirken und entferne sie dann mit lauwarmem Wasser.
Deine Haut wird sich frisch und rein anfühlen. Darüber hinaus konnte sie viel Feuchtigkeit und Nährstoffe aufnehmen.

Trocken-shampoo

Rezept

100 ml Kartoffelstärke
25 ml Backpulver
50 ml Kaolin (wird auch Pfeifenerde, Porzellanerde oder Bolus
alba genannt, aus der Apotheke)
Bei rotem Haar: 1 TL Paprikapul-
ver mild (optional)
Bei dunklem Haar: 1 TL ungesüßtes Kakaopulver (optional)

`Vermische alle Zutaten sorgfäl-
tig in einer Schüssel. Schwups,
schon ist dein Trockenshampoo
gebrauchsfertig!

Wirkung

Kartoffelstärke und Kaolin
entfetten Haar und Kopfhaut.
Zusätzlich wirkt das Backpulver
wie ein Deodorant.

Anwendung

Tägliches Waschen ist für deine Haare nicht besonders
gesund. Mit fettigem Look herumzulaufen, macht aber
auch keinen Spaß ... Hier ist das Trockenshampoo die
perfekte Lösung. Verwende es an jenen Tagen, an denen
du auf die Haarwäsche verzichtest.
Du kannst dein Trockenshampoo entweder in eine Streu-
dose geben oder es mit einem Make-up-Pinsel auftragen.
Toupiere dein Haar etwas auf, teile es in Strähnen ein
und verteile das Produkt auf jeder Strähne. Das Trockenshampoo nicht ausspülen. Jetzt kannst du deine Frisur
ganz normal stylen.

Tipp

Gib eventuell ein paar Tropfen ätherisches Öl hinzu. So
verleiht das Trockenshampoo deinem Haar auch noch
einen guten Duft.

Tipp

Vermeide einen Bad Hair Day

Frisch gewaschenes Haar zu frisieren, ist nicht immer
einfach. Wenn du auf eine Party gehen möchtest oder
die Haare einfach mal richtig schön sitzen sollen, wasche
sie zwei Tage lang nicht. Verwende stattdessen Trockenshampoo. Dann gelingt das Styling leichter.

49

Natürlicher
Farb-Booster
für rotes und braunes Haar

Wer wünscht sich nicht schönes, gesundes Haar mit leuchtendem Glanz? Mit einer natürlichen Farbauffrischung ist das kein Problem, denn nach der Anwendung wirkt deine natürliche Haarfarbe besonders lebendig.

Wenn du dunkelhaarig bist, kannst du starken Kaffee (aus richtigen Kaffeebohnen, Instantkaffee hilft hier nicht), schwarzen Tee oder halb/halb verwenden. Wenn du Tee wählst, sollte dieser mindestens 7 Minuten lang ziehen.

Wenn du rothaarig bist, kannst du Hibiskus-Tee verwenden. Hibiskus ist eine hübsche rote Blume, die das Wasser tiefrot färbt, wenn du einen Tee daraus kochst. Der Tee sollte mindestens 7 Minuten ziehen.

So wird's gemacht

Lass den Tee oder Kaffee abkühlen, bis er angenehm lauwarm ist. Gieße ihn dann so über dein Haar, dass es überall komplett durchnässt ist. Packe dein Haar in eine Plastiktüte und lass die Flüssigkeit 20 Minuten lang einwirken. Abschließend mit Wasser ausspülen und eventuell etwas Spülung ins Haar geben.

Wichtig

Wende den Farb-Booster nicht an, wenn dein Haar zuvor schon mit chemischer Haarfarbe gefärbt wurde. Sonst riskierst du, dass dein Haar plötzlich grün wird!

Natürliche Haaraufhellung

Rezept

100 ml getrocknete Kamillenblüten (du kannst die Kamille selbst pflücken oder Kamillentee im Beutel verwenden)
500 ml Wasser
200 ml frisch gepresster Zitronensaft

Gib das Wasser zusammen mit den Kamillenblüten in einen Topf und koche das Ganze auf. Nimm den Topf vom Herd und lass den Sud 7 Minuten lang ziehen, bevor du die Blumen abseihst.
Mische die Flüssigkeit mit Zitronensaft und gieße sie in eine Flasche.

Tipp

Du kannst die Flüssigkeit entweder komplett im ganzen Haar verteilen oder sie nur auf einzelne Strähnen sprühen. Lass dein Haar danach – wenn möglich – in der Sonne trocknen.

Tipp

Wenn dein Haar durch die erste Behandlung noch nicht hell genug geworden ist, kannst du die Aufhellung jeden Tag wiederholen, bis du zufrieden bist. Gib die Mischung nach dem Waschen (aber vor der Spülung) ins Haar. Da Zitronensaft entfettet, empfiehlt es sich, nach jeder Haarwäsche eine Spülung und einmal pro Woche eine Kur zu verwenden, wenn du das Haar häufig bleichst.
Versuche z. B. die Spülung auf S. 45.

Salzwasser-Spray

Rezept

250 ml Kamillentee, schwarzer Tee oder
kochendes Wasser
2 ½ EL Meersalz
1 TL Glycerin
ätherisches Öl (optional)

Bring das Wasser zum Kochen. Wenn du Tee
verwendest, bereite einen starken Aufguss
zu und lass ihn 7 Minuten lang ziehen. Gib
das Salz hinzu und rühre so lange, bis es sich
vollständig aufgelöst hat. Solltest du ätherisches Öl beimengen, warte mit der Zugabe, bis
das Salzwasser komplett abgekühlt ist. Gieße
deine Mischung in eine Flasche mit Sprüh-
pumpe und bewahre es im Kühlschrank auf.

Tipp

Wenn du helles Haar hast, kannst du das
Spray mit Kamillentee zubereiten, damit es ein
bisschen gebleicht wird. Verwende schwarzen
Tee für dunkles Haar. Spray ohne Tee kann bei
jeder Haarfarbe angewendet werden. Außerdem hält es dann länger.
Wenn dein Salzwasserspray gut duften soll, gib
10 Tropfen Zitronenöl für helles oder 10 Tropfen
ätherisches Jasminöl für dunkles Haar hinzu
oder einfach deinen Lieblingsduft.

Wirkung

Salzwasser-Spray gibt deinem Haar Volumen
und einen etwas wuscheligen Look, wie man ihn
auch nach einem Tag am Strand oft hat.

Styling mit Salzwasser

Sprühe etwas Salzwasser-Spray auf eine Haar-
strähne und wickle diese ein paarmal um den
Finger. Mach so weiter, Strähne für Strähne, bis
du alle Haare erwischt hast.
Für einen lockigen Strandlook halte den Kopf
nach unten und sprühe etwas Salzwasser-Spray
ins Haar. Stelle deinen Föhn auf die niedrigste
Stufe und trockne das Haar, während du es mit
den Händen durchwühlst. Gib bei Bedarf noch
mehr Spray ins Haar und föhne immer eine
Handvoll nach der anderen.
Wenn du fertig bist, solltest du das Haar nicht
kämmen – sonst verschwinden die Locken und
der Strandeffekt wieder.

Haarpuder *für* mehr Volumen

Rezept

50 ml Maismehl
25 ml Reis- oder Kartoffelstärke
25 ml Kaolin (Pfeifenerde, Porzellanerde,
Bolus alba, aus der Apotheke)
½ TL Zitronensäure

Vermenge Maismehl, Stärke und Kaolin
in einer Schüssel. Zerstoße die Zitronensäure in einem Mörser zu ganz feinem
Pulver und gib es anschließend ebenfalls
zur Mischung in die Schüssel. Zum
Schluss füllst das Ganze in eine Streu-
dose mit kleinen Löchern – und schon ist
dein Haarpuder einsatzbereit.

Wirkung

Der Puder gibt dem Haar Struktur und
Fülle. Wende ihn im trockenen Haar an,
dann bekommt dein Haar extra Volumen.
Verteile den Puder vorsichtig in kleinen
Portionen direkt an den Haarwurzeln.

Fakten

Haarpuder ist keine neue Erfindung.
Ende des 16. Jahrhunderts und weit bis
ins 17. Jahrhundert hinein war es sowohl
für Männer als auch Frauen sehr schick,
große, pompöse Perücken zu tragen.
Diese Perücken wurden nie gewaschen,
dafür aber ständig mit Weizenmehl
eingepudert und mit Parfüm besprüht.
Aufgrund der schlechten Hygiene waren
die Perücken voller Ungeziefer. Man
benutzte deshalb spezielle Behälter, in
die das Ungeziefer hineinfallen konnte,
wenn man bei Tisch saß. Auf diese Weise
vermied man Milben und Co. im Essen.

Tipp

Für zusätzliches Volumen kannst du auch mit einem kleinen Kreppeisen die oberen paar Zentimeter Haar kreppen, bevor du den Haarpuder anwendest. Hebe die äußeren Haarsträhnen an und kreppe die darunterliegenden so, dass man das Gekreppte nicht sieht, wenn du die Strähnen wieder darüberlegst. Entwirre eventuell das Deckhaar mit einer Bürste aus Schweineborsten. Diese kämmt nicht tief ins Haar, sorgt aber dafür, dass es außen glatt oder in leichten Wellen fällt. Nun kannst du dich entweder für offenes Haar entscheiden oder eine schöne Frisur mit extra Volumen zaubern.

Öl *für die* Haarspitzen

Rezept

100 ml Mandel-, Aprikosenkern- oder Sonnenblumenöl
5 bis 15 Tropfen ätherisches Öl

Vermenge 100 ml Öl mit 5 bis 15 Tropfen ätherischem Öl. Wähle einfach deinen Lieblingsduft oder probiere diese Kombinationen aus:

Drei verschiedene Haaröle

100 ml Mandelöl
3 Tropfen Zitronenöl
5 Tropfen Lavendelöl
5 Tropfen Jasminöl

100 ml Aprikosenkernöl
3 Tropfen Orangenöl
7 Tropfen Ylan-Ylang

100 ml Sonnenblumenöl
3 Tropfen Litseaöl
7 Tropfen Vanilleöl

Tipp

Du solltest hiermit nur die Haarspitzen behandeln, andernfalls wird dein Haar schnell fettig aussehen. Verwende jeweils ein paar wenige Tropfen. Gieße etwas Öl auf eine Handfläche, verteile es zwischen den Fingern und knete es in die Haarspitzen ein. Das Öl kann bei trockenem Haar oder auch als letztes Finish benutzt werden, wenn du eine tolle Frisur gestylt hast. Das Öl lässt selbst extrem trockene Locken gesund aussehen.

Tipp

Gesundes Haar durch Ernährung:
Spinat, Brokkoli, Bohnen, Lachs, Makrele und Eier machen dein Haar kräftig und von innen heraus schön.

Peeling aus
Seetang und Sand

Rezept

100 ml Kokosöl
300 ml feiner Strand-Sand
100 ml zerstoßener, getrockneter
Seetang
(oder essbare Algen aus dem Asia-
oder Bio-Laden)
200 ml geriebene Glycerinseife für die
Seifenherstellung

Vermische das Öl mit der Seife und lass
das Ganze im Wasserbad schmelzen. Gib
die anderen Zutaten hinein und verrühre
die Mischung sorgfältig. Die Konsistenz
sollte die eines dicken Teiges sein.
Fülle die Masse in eine Form und lass
sie fest werden. Schneide das Peeling
abschließend in Vierecke.

Nimm dir ein oder zwei dieser Peeling-
würfel mit ins Badezimmer und wende
sie behutsam am ganzen Körper an.

Wirkung

Sand entfernt abgestorbene Hautzellen
und Tang liefert der Haut wertvolle
Nährstoffe. Das Öl wiederum macht die
Haut wunderbar zart.

Tipp

Wenn du die Gelegenheit hast, dann
sammle im Frühjahr oder Sommer den Tang
am Strand. Alle Tangarten der Nord- und
Ostsee können verwendet werden. Einzige
Ausnahme: Das Gemeine Seegras eignet
sich eher schlecht. Suche dir immer die
Pflanzen aus, die besonders frisch und
sauber wirken. Wasche den Tang sorgfältig,
bevor du ihn zum Trocknen ausbreitest.
Am besten funktioniert es auf einem Stück
Pappe in der Sonne, er kann aber auch im
Haus getrocknet werden. Anschließend wird
er in einem Mörser zerstoßen. So zerrieben
kannst du ihn in den Rezepten verwenden.

Tipp

Ernte im Laufe des Sommers eine ordentli-
che Portion Tang, dann hast du das ganze
Jahr über einen Vorrat.

Peeling mit Kaffee

Rezept

100 ml gemahlene Kaffeebohnen
100 ml feines Salz
1 EL zerstoßene Nelken
1 EL zerstoßener Kardamom
1 EL zerstoßene Zimtrinde
150 ml Olivenöl
ätherische Öle:
15 Tropfen Nelkenblütenöl
15 Tropfen Zimtöl
10 Tropfen Kampferöl

Vermenge Kaffee, Gewürze und Salz in einer Schüssel und gieße das Olivenöl dazu. Gib die ätherischen Öle nun ebenfalls hinein und vermische das Ganze sorgfältig.

Wirkung

Das Koffein in dem gemahlenen Kaffee sorgt dafür, dass sich die Haut zusammenzieht, und hat auf diese Weise einen straffenden Effekt. Die ätherischen Öle wirken wärmend und steigern die Durchblutung, was die Haut wiederum frisch hält. Das Salz entfernt abgestorbene Hautzellen. Dieses Peeling solltest du ausschließlich am Körper anwenden, keinesfalls im Gesicht! Vermeide den Kontakt mit wunden Hautpartien.

Fakten

Kaffee kam im 16. Jahrhundert nach Deutschland. Anfangs konnten sich nur die Wohlhabenden Kaffee leisten. Im 18. Jahrhundert begannen dann auch die normalen Bürger, das Gebräu zu trinken. Seitdem ist Kaffee zum heiß geliebten Lebenselixier geworden. Jedoch raten Gesundheitsexperten von exzessivem Kaffeekonsum ab, da das Genussmittel durch seinen hohen Koffeingehalt schädliche Folgen haben kann.

Körperpeeling

mit

Kürbis und Apfel

Rezept

500 ml Kürbisfleisch
200 ml Wasser
1 Apfel
1 TL gemahlener Zimt
½ TL gemahlener Ingwer
1 TL gemahlener Kardamom
400 ml Rohrzucker
400 ml Meersalz

Schneide den Kürbis in Spalten und entferne die Kerne. Schneide das Fleisch in kleine Würfel und mische es mit 200 ml Wasser in einem Topf. Schäle den Apfel, entferne das Kernhaus und zerkleinere ihn. Gib ihn zusammen mit Zimt, Ingwer und Kardamom ebenfalls in den Topf. Bring den Inhalt zum Kochen und lass das Ganze simmern, bis das Fruchtfleisch weich geworden ist. Gieße die Flüssigkeit ab und püriere den Rest. Das kannst du mit einem Pürierstab gleich im Topf tun. Fülle ein Einmachglas zur Hälfte mit gleichen Teilen Zucker sowie Salz und gieße das Kürbis-Apfelmus vorsichtig darüber. Rühre anschließend um, bis alles gut vermischt ist.

Nimm das Peeling mit ins Badezimmer und verwende es an Beinen, Knien, Armen, Ellbogen und am Rücken. Meide Gesicht, Armbeugen oder andere zarte Hautstellen, da es dafür nicht sanft genug ist. Mit lauwarmem Wasser abwaschen.

Wirkung

Das Peeling entfernt Hautschüppchen, wärmt und regt die Durchblutung an. Du kannst es einmal pro Woche anwenden.

Tipp

Wirf die Kerne des Kürbis nicht weg, denn sie sind wegen ihres hohen Gehalts an Zink und Vitamin E gut für die Haut. Gib sie zum Beispiel über den Salat oder genieße sie als knusprige Snacks. Wasche die Kerne gründlich und entferne das Kürbisfleisch, das noch an den Kernen haftet, so gut wie möglich. Wende sie in einer Schüssel mit etwas Olivenöl und einer Prise Meersalz. Verteile sie auf einem mit Backpapier belegten Backblech und achte darauf, dass sie nicht übereinanderliegen. Röste sie in der Mitte des Ofens etwa 20 Minuten bei 180 Grad goldbraun.

Milchbad mit Rosen

Rezept

200 ml Milchpulver
100 ml getrocknete Rosenblätter
100 ml feines Salz
20 Tropfen ätherisches Rosenöl

Zerstoße oder hacke die getrockneten Rosenblätter und vermische sie mit Milchpulver. Gib das Salz in eine Schüssel und tropfe das ätherische Öl unter Rühren hinein. Wenn das Öl ins Salz eingezogen ist, kannst du es mit Milchpulver sowie Rosenblättern gründlich vermengen.

Lass dir ein Bad ein, setze dich ins Wasser und gib das Badepulver hinzu. Rühre und sprudle mit den Händen, bis das Wasser weiß wie Milch ist. Lehne dich nun einfach zurück und genieße diese wohlriechende Luxusbehandlung, die deine Haut seidenweich machen wird. Mit lauwarmem Wasser abwaschen, bevor du wieder aus der Wanne steigst.

Fakten

Milch ist seit über 2 000 Jahren beliebt in Sachen Schönheitspflege. Die ägyptische Königin Cleopatra VII. nahm regelmäßig ein Milchbad, um ihre Haut jung und hell aussehen zu lassen. Und es hat tatsächlich gewirkt, auch wenn Cleopatra wohl nicht wusste, warum. Das aber wissen wir heute. Milch enthält Stoffe, die der Haut helfen, abgestorbene Zellen abzustoßen, sodass neue, frische Zellen zum Vorschein kommen und die Haut dadurch weich wird. Milch wirkt quasi wie ein chemisches Peeling. Aber übertreib es nicht mit den Milchbädern — sonst irritierst du deine Haut!

Milchbad
mit *Schokolade*

Rezept

200 ml Milchpulver
4 EL ungesüßtes Kakaopulver

Vermische Milch- mit
Kakaopulver und lass dir
eine warmes Bad ein. Gib die
Mischung hinein und ver-
rühre sie kräftig im Wasser.
Leg dich hinein und genieße.
Wenn du genug davon hast,
spüle das Milchbad mit
klarem Wasser ab, damit
danach deine Handtücher
keine Schokoladenflecken
bekommen.

Tipp

Bist du Schoko-Fan? Dann versuch es einmal mit
einer Schokoladen-Maske. Dafür 100 Gramm
dunkle Schokolade im Wasserbad schmelzen und
anschließend etwas abkühlen lassen. Verteile nun
die Schokolade auf Gesicht und Hals, wo sie mit
der Zeit wieder fest wird. Nach 15 Minuten Ein-
wirkzeit mit lauwarmem Wasser abwaschen.

Wirkung

Schokolade hält deine Haut jung und elastisch.
Sie verleiht einen schönen Glanz und liefert
Feuchtigkeit, Fett und wertvolle Nährstoffe.

Körper*puder*

Diesen tollen Körperpuder kannst du dir nach dem Bad auf die Arme und Beine streuen. Damit fühlt sich deine Haut im Sommer weich und angenehm an. Hier findest du, ausgehend vom gleichen Grundrezept, ein paar Varianten, die sich nur im Duft unterscheiden.

Rezept

Grundrezept:
25 ml Kaolin (Pfeifenerde, Porzellanerde, Bolus alba, aus der Apotheke)
25 ml Kartoffelstärke
50 ml Talkum

Beruhigender Körperpuder mit Lavendel

1 EL getrockneter Lavendel
5 Tropfen ätherisches Lavendelöl

Mahle die Lavendelblüten mit einem Mixer oder Mörser ganz fein. Gib sie zusammen mit dem ätherischen Öl zum Grundrezept und vermische das Ganze sorgfältig.
Gib die Mischung durch ein Sieb, um Klumpen oder größere Pflanzenteilchen zu entfernen.

Kühlender Körperpuder mit Pfefferminz und Eukalyptus

1 EL getrocknete Pfefferminze
3 Tropfen ätherisches Eukalyptusöl

Hier gilt die gleiche Vorgehensweise wie oben beschrieben.

Tipp

Du kannst bei deinem Körperpuder natürlich auch Duftkombinationen wie in richtigen Parfüms verwenden. Dafür mischst du einfach verschiedene ätherische Öle zum Grundrezept. Verwende nie mehr als 7 Tropfen ätherisches Öl für ein Portion Puder. Also z. B. je 1 Tropfen von jedem Duft und noch einen zusätzlich von dem Duft, den du am liebsten magst.

Ölkombinationen

Sandelholz
Thymian
Mandarine

Sandelholz
Patschuli
Vanille

Rose
Jasmin
Magnolie

Lotion Bar
für den
ganzen Körper

Rezept

150 ml Bienenwachs (z. B. aus dem
Bastelgeschäft)
200 ml Kokosöl
1 EL Mandelöl
20 Tropfen Ylang-Ylang-Öl
10 Tropfen Jasminöl

Kokosöl sowie Bienenwachs vorsichtig im
Wasserbad schmelzen. Vom Herd nehmen,
etwas abkühlen lassen und Jasmin- sowie
Ylang-Ylang-Öl hinzugeben.
Gieße die Mischung in passende Formen,
z. B. kleine Silikonförmchen. Diese stellst du
nun zum Abkühlen in den Kühlschrank.
Warte, bis die Masse ganz und gar fest
geworden ist.

Verwende den Lotion Bar anstelle deiner
gewöhnlichen Bodylotion. Streiche ihn über
deine Haut und verteile so die fetthaltige,
duftende Creme. Du kannst sie am ganzen
Körper anwenden — besonders dann, wenn
du trockene Haut hast.

Tipp

Wenn du ein Geschenk brauchst, stelle einfach eine Portion Lotion Bars her. Gieße die
Masse in Muffinförmchen aus Papier und
pack die Teilchen hübsch ein. Die Dinger
machen echt total süchtig!

Tipp

Du bestimmst selbst, welchen Duft deine
Lotion Bars haben sollen. Probiere es z. B.
mal mit jenen Duftmischungen, die ich auf
Seite 73 vorgeschlagen habe. Du kannst sie
natürlich auch komplett neutral und ohne
Duft herstellen.
Wenn du Zitronenöl verwendest, wird aus
deiner Pflegecreme gleichzeitig auch noch
ein wirksames Mückenmittel. Damit hältst
du auf wesentlich gesündere Weise Mücken
fern als mit den chemischen Präparaten, die
es zu kaufen gibt.
Die Lotion Bars können zudem anstelle von
Massageöl verwendet werden.

Pflegeöle mit Blumen

Rezept

Fülle die Blütenköpfe oder -blätter der Blumen, die du für dein Öl ausgesucht hast, in ein luftdichtes Glas oder eine Flasche. Du kannst auch getrocknete Blumen verwenden, wenn du gerade keine frischen zur Hand hast.

Gieße ein neutrales Öl, z. B. Sonnenblumen-, Mandel- oder Rapsöl, darüber, bis die Blumen mit Öl bedeckt sind.

Verschließe das Gefäß so, dass es absolut dicht ist. Stelle das Ganze 2 bis 4 Wochen lang auf eine sonnige Fensterbank.

Schüttle und drehe die Ölflaschen täglich, damit sie auf allen Seiten Sonne abbekommen. Abschließend siebst du die Blumen aus der Flüssigkeit, verwende dafür ein Teesieb oder dünnen Stoff. Bewahre das Öl am besten in dunklen Plastik- oder Glasflaschen auf.

Wirkung

Blumenöle sind sehr vielseitig. Sie eignen sich als Massageöle, zur Behandlung trockener Nagelhaut, rauer Hände sowie Füße und als Körperöle nach dem Bad. Die Öle können auch als Zutat anderer Rezepte verwendet werden. So kannst du die günstigen Eigenschaften der Pflanzen besonders gut ausnutzen.

Tipp

Wenn du Rezepte mit flüssigem Öl im Buch entdeckst, so kannst du einen Teil davon immer durch deine eigenen Blumenöle ersetzen.

So wirken die
Blumenöle

Lavendel

Beruhigt und macht irritierte Haut geschmeidig.

Kamille

Heilt und beruhigt die Haut. Auch als After-Sun-Anwendung geeignet. Wirkt als Massageöl muskelentspannend. Im Haar hilft es gegen Schuppen und beruhigt die Kopfhaut.

Rose

Antibakteriell, feuchtigkeitsspendend und beruhigend.

Ringelblume

Für trockene oder geschädigte Haut. Wirkt antiseptisch, heilend und regenerierend.

Löwenzahn

Gut gegen vielerlei Hautprobleme. Öffnet und reinigt die Poren, beugt Pickeln vor und wirkt zudem gegen Ekzeme. Solltest du an Schuppen leiden, hilft eine Kopfhaut-Behandlung mit Löwenzahn.

Gänseblümchen

Fördert die Heilung von Wunden und Rissen und regeneriert die Haut. Es reinigt verstopfte Poren und trägt dazu bei, dass andere Wirkstoffe leichter in die Haut einziehen können.

Salben

Du findest die Pflegeöle unpraktisch?
Dann stelle einfach Salben daraus her. Auf
diese Weise bekommen die Öle eine festere
Konsistenz und lassen sich überallhin
mitnehmen. So hilft zum Beispiel eine Salbe
mit Gänseblümchen SEHR GUT BEI
TROCKENEN WINTERHÄNDEN, während eine
Rosensalbe fantastisch für die Lippen ist.
Löwenzahn ist eine alte Heilpflanze und
hilft gegen trockene Haut und leichte Ekzeme.

So stellst du Salben her

Rezept

50 ml Blumenöl
50 ml Kokosöl
50 ml Bienenwachs

Lass alle Zutaten bei niedriger Temperatur im Wasserbad schmelzen und gieße die Mischung in ein Glas oder einen Behälter mit Deckel. Beim Abkühlen verfestigt sich die Salbe dann.

Massageöl
mit
Mandel und Vanille

Rezept

250 ml Mandelöl
2 Vanilleschoten

Fülle das Mandelöl in eine Flasche mit
Bügelverschluss. Kratze das Mark aus
2 Vanilleschoten und vermische es mit
dem Öl. Gib nun auch die leeren Schoten
in die Flasche, verschließe und schüttle
sie. Lass das Öl 14 Tage lang durchziehen
und schüttle es einmal pro Tag.

Tipp

Mandelöl aus Süßmandeln wird weltweit als
Haut- und Schönheitspflege verwendet und ist
bereits aus der griechischen Mythologie bekannt.
Auch in der feinen Küche wird es eingesetzt und
diente früher als Lichtquelle, Medizin oder Parfüm.
Das Öl kann am ganzen Körper angewendet
werden. Viele nutzen es auch innerlich zur Stär-
kung des Immunsystems. Als Hautpflegeprodukt
hilft das Öl gut gegen Juckreiz, Ausschlag, Entzündungen, Muskelschmerzen, trockene oder rissige
Haut, auch bei trockener Kopfhaut. Sogar gegen
bestimmte Pilzarten wirkt es effektiv.
Das Öl soll auf Haarwurzeln eine stimulierende
Wirkung haben und Haarausfall vorbeugen.

Fakten

Vanille stammt aus Mexiko, wo sie schon
die Azteken in ihrem Kakaogetränk
genossen. Sie kam im 17. Jahrhundert nach
Europa und wird seitdem auf vielerlei
Weise genutzt – des Geschmacks und auch
des Duftes wegen.

Massageöl
bei
Muskelschmerzen

Rezept

200 ml Aprikosenkernöl
2 EL getrocknete Wacholderbeeren
30 Tropfen Kampferöl
20 Tropfen Zitronellenöl
15 Tropfen Eukalyptusöl

Zerkleinere die Wacholderbeeren in einem Mörser und gib sie in eine Flasche. Füge Kampfer-, Zitronellen- und Eukalyptusöl hinzu. Gieße abschließend das Aprikosenkernöl darüber und verschließe die Flasche so, dass sie möglichst dicht ist. Schüttle den Inhalt gründlich. Lass das Öl mindestens eine, am besten sogar zwei Wochen ziehen, bevor du es verwendest. So erhältst du die volle wärmende Wirkung der Wacholderbeeren. Schüttle die Flasche ein paarmal täglich. Wenn das Öl fertig durchgezogen ist, kannst du die Wacholderbeeren abseihen.

Anwendung

Das Öl ist bei Muskelschmerzen sehr wohltuend und wird mit kreisenden Bewegungen in die Haut einmassiert. Massiere das Öl 10 bis 15 Minuten ein und bedecke anschließend die schmerzende Stelle mit einem lauwarmen Handtuch. Lege dich hin, schließe die Augen und entspanne.

Stelle deinen eigenen

Tigerbalsam

her

Tigerbalsam wurde in den
1870er-Jahren von einem Apotheker
aus Burma erfunden. Seitdem
ist die wärmende Salbe im
kleinen Döschen sehr beliebt bei
Muskelschmerzen, vor allem bei
Sportlern. Du kannst ganz einfach
deine eigene Salbe herstellen,
die fast identisch mit dem echten
Tigerbalsam ist.

Rezept

1 EL Vaseline
ätherische Öle:
Kampfer
Menthol
Minze
Muskatnuss
Zimt

Gib die Vaseline in eine kleine Schüssel und vermische sie mit ein paar Tropfen von jedem der ätherischen Öle.

Anwendung

Tigerbalsam ist ein Multitalent. So kannst du zum Beispiel bei Muskelschmerzen die Salbe auf die schmerzende Stelle auftragen. Auch Erkältungen lassen sich lindern, indem du etwas Tigerbalsam auf die Brust gibst und den Duft, der die Atemwege öffnet, einatmest. Wenn du Spannungskopfschmerz hast, kannst du etwas davon auf die Schläfen und Stirn streichen (aber pass gut auf, dass nichts davon in die Augen gerät!).

Der Balsam hat eine starke Wirkung und es empfiehlt sich, ihn nicht öfter als 4 Tage am Stück zu nutzen. Wende die Salbe nur äußerlich an und verzichte ganz auf sie, wenn du schwanger bist.

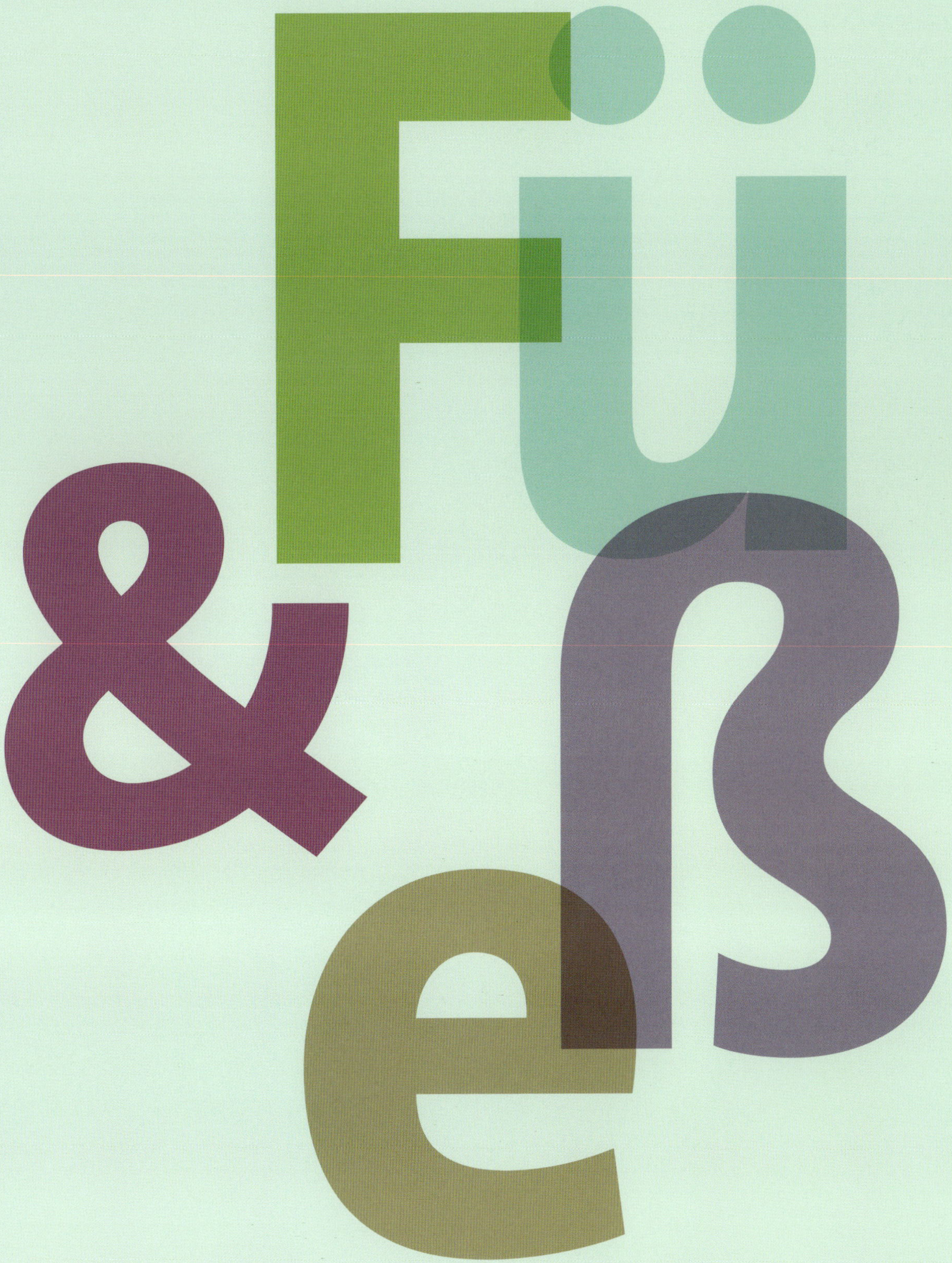
Fü
&
ß
e

Fußmaske
mit Ananas

Rezept

2 Scheiben frische Ananas
50 ml Kokosöl
25 ml Apfelessig
200 ml feines Salz

Püriere Ananas, Kokosöl und Apfelessig im Mixer zu einer feinen Masse. Gib 200 ml Salz in eine Schüssel und füge 100 ml der Ananasmischung hinzu. Verrühre das Ganze sorgfältig. Verteile die Masse in zwei Gefriertüten und stecke je einen Fuß in eine Tüte. So vermeidest du den scharfen Essiggeruch. Alternativ kannst du die Masse auch einfach in einen Eimer geben und die Füße hineinstecken. Massiere deine Füße nun gründlich durch und verteile die Maske so, dass der ganze Fuß damit bedeckt ist. Solltest du Bereiche mit Hornhaut haben, sei dort besonders sorgfältig mit der Massage. Lass die Maske 15 Minuten lang einziehen und wasche sie abschließend mit warmem Wasser ab.

Tipp

Ananas enthält sowohl Fruchtsäure als auch ein Enzym, das bei der Entfernung abgestorbener Hautzellen hilft. Wenn dein Gesicht oder Körper viele Unreinheiten aufweist, können dir diese Wirkstoffe möglicherweise helfen.

Versuche z. B. diese Maske:
Für eine Gesichtsmaske brauchst du 3 bis 4 Scheiben frische Ananas, 100 ml Wasser und 1 EL griechischen Joghurt. Bereite die doppelte Portion zu, wenn du sie am ganzen Körper anwenden möchtest.

Schritt 1

Püriere 200 ml Ananas mit 100 ml Wasser zu einem flüssigen Püree. Trage das Püree mit einem feinen Pinsel als dünne Schicht auf deine Haut auf. Achte besonders sorgfältig darauf, dass du die Ananas nicht in die Augen bekommst! Lass die Maske maximal 15 Minuten einwirken, spüle sie dann mit klarem Wasser ab. Sollte die Haut schon früher zu kribbeln beginnen, entferne das Püree sofort.

Schritt 2

Streiche mit einem Pinsel Joghurt auf deine Haut. Lass ihn 10 Minuten einwirken und spüle ihn abschließend mit Wasser ab. Jetzt fühlt sich deine Haut frisch und gesund an.

Badebomben
mit Rosen

Rezept

50 ml Maismehl
25 ml Salz
100 ml Backpulver
50 ml Zitronensäure
2 TL Wasser
2 ½ EL Öl (Oliven, Mandel oder Sonnenblumen)
20 Tropfen ätherisches Rosenöl
3 EL gemahlene, getrocknete Rosenblätter
1 TL Himbeersirup

Vermische Maismehl, Salz, Backpulver und Zitronensäure in einer Schüssel. Wenn du Klümpchen entdeckst, siebe die Mischung zusätzlich durch. Hacke oder mahle die getrockneten Rosenblätter und gib sie dazu. Vermische die restlichen Bestandteile in einer anderen Schüssel.

Gieße die flüssige Mischung nun vorsichtig unter Rühren in die Schale mit der trockenen Mischung und vermische beides sorgfältig. Da die Bestandteile miteinander reagieren, ist es wichtig, dass du die Mischung schnell bearbeitest.

Um deine Badebomben zu formen, kannst du einen Kugelausstecher oder einen Eisportionierer verwenden.

Natürlich lassen sich die Kugeln auch mit den Händen oder in kleinen Förmchen herstellen. Wichtig ist dabei nur, dass du das Pulver gut zusammenpresst – ganz so, als würdest du einen richtig harten Schneeball bilden. Es erfordert etwas Übung, die Bomben so hinzubekommen, dass sie nicht auseinanderfallen und gleichzeitig auch noch hübsch aussehen. Lege sie auf einen Teller oder ein Geschirrtuch und lass sie circa einen Tag lang trocknen.

Anwendung der Badebomben

Fülle einen Eimer mit lauwarmem Wasser, stelle deine Füße hinein und gib ein paar Badebomben hinzu. Es brodelt und blubbert so lange, bis sich die Bomben komplett aufgelöst haben. Während deine Haut durch das Fußbad weich wird, kannst du den Duft der Rosen genießen.

Eine einfache Alternative zu Badebomben ist Fußsalz. Damit hast du länger etwas vom weich machenden Effekt, dem Duft und der hübschen Farbe. Andererseits lässt du dir damit den prickelnden Bombeneffekt entgehen.

Fußsalz

Rezept

200 ml feines Salz
1 EL Öl (Mandel, Oliven
oder Sonnenblumen)
2 EL gemahlene
Rosenblätter
1 TL Himbeersirup
10 Tropfen ätherisches
Rosenöl

Vermische den Himbeersi-
rup vorsichtig, aber gründlich mit dem Salz.
Gib nun auch das Öl, die
getrockneten, gemahle-
nen Rosenblätter sowie
das ätherische Öl hinein.
Verrühre die Mischung
sorgfältig. Gib 1 bis 3 EL
Badesalz ins Wasser, wenn
du ein Fußbad nimmst.

Streue ein paar Löffel
des Salzes in ein warmes
Fußbad und genieße es
20 Minuten lang.

Tipp

Halte dein Pediküre-Set und ein Hand-
tuch bereit, damit du anschließend deine
Nägel pflegen, Hornhaut oder harte
Hautstellen entfernen und die Füße
eincremen kannst (verwende z. B. einen
Lotion Bar wie auf S. 74).

Fußbad
mit
Kiefernnadeln

Rezept

eine Handvoll Kiefernnadeln
150 ml Meersalz
5 Tropfen ätherisches Kiefernnadelöl

Hacke die Kiefernnadeln grob. Gib Salz und Nadeln in ein Gefäß und püriere das Ganze mit einem Stabmixer. Gib das ätherische Öl hinzu.

Streue eine Handvoll Kiefernnadelsalz ins Wasser deines Fußbades.

Wirkung

Die Kiefernnadeln wirken reinigend und antiseptisch. Sie töten Bakterien ab und sind gut gegen Fußpilz.

Tipp

Du kannst Kiefernnadeln auch zur Reinigung der Luft und Klärung deiner Gedanken verwenden. Gib ein paar Tropfen Kiefernnadelöl in eine Duftlampe. Fülle das Schälchen der Duftlampe mit Wasser und füge ein paar Tropfen Öl hinzu. Zünde das Teelicht an und schon bald verteilt sich der Duft im ganzen Raum. Wenn du eine Duftlampe kaufen möchtest, dann schau dich mal in Einrichtungshäusern oder auf einem Weihnachtsmarkt danach um.

Badebomben *mit*
Pfefferminz

Rezept

50 ml Maismehl
25 ml Salz
100 ml Backpulver
50 ml Zitronensäure
2 TL Wasser
2 ½ EL Öl (Mandel, Oliven oder Sonnenblumen)
10 Tropfen Pfefferminzöl
3 EL gemahlene, getrocknete Pfefferminzblätter
(z. B. Pfefferminztee)

Vermische Maismehl, Salz, Backpulver und Zitronensäure in einer Schüssel. Wenn viele Klümpchen zu sehen sind, siebe die Mischung am besten durch.
Hacke oder mahle die getrockneten Pfefferminzblätter und füge sie hinzu.
Vermische nun das Wasser und die Öle in einer anderen Schüssel und gib die flüssigen Zutaten vorsichtig zur trockenen Mischung. Verquirle alles zügig und sorgfältig. Da die Bestandteile miteinander reagieren, ist es wichtig, dass du beim Mischen schnell arbeitest.
Jetzt kannst du deine Badebomben formen. Gehe hier genauso vor wie bei den Badebomben mit Rosen (S. 90).

Wirkung

Ein Fußbad mit Pfefferminze ist gut gegen warme und erschöpfte Füße. Pfefferminze hat einen kühlenden Effekt und wirkt reinigend bei kleinen Wunden, Blasen und Rissen.

Fakten

Pfefferminze besitzt viele positive Eigenschaften und wird seit Tausenden von Jahren als Heilpflanze eingesetzt. Tee aus Pfefferminze ist gut für die Verdauung, soll aber auch gegen Menstruationsbeschwerden sowie Kopfschmerzen helfen. Zudem wird ihm nachgesagt, er wirke gut gegen Stress und habe eine stimmungsaufhellende Wirkung.

Tipp

Auch bei Erkältungen und Halsschmerzen ist Pfefferminze ein gutes Mittel. Gieße eine Kanne kochendes Wasser in eine Schüssel. Gib getrocknete Pfefferminzblätter oder -öl hinzu und atme die Dämpfe ein.

Fußdeo
mit
Kiefernnadelöl

Rezept

25 ml Backpulver
25 ml Kaolin (Pfeifenerde, Porzellanerde,
Bolus alba, aus der Apotheke)
50 ml Talkum

15 Tropfen ätherisches Kiefernnadelöl
5 Tropfen Teebaumöl

Vermische das Kaolin mit dem Talkum.
Tropfe nun langsam die ätherischen Öle
hinein, während du das Ganze mit den
Fingern gut durchknetest. Wenn keine
Klumpen mehr vorhanden sind, kommt
das Backpulver hinzu. Nun noch einmal
gründlich vermischen – und fertig!

Wirkung

Teebaumöl tötet Bakterien ab, Kiefernnadelöl
entfernt unangenehme Gerüche und Backpulver
ist ein tolles Deodorant. Talkum und Kaolin
nehmen nur wenig Feuchtigkeit auf und wirken
daher abtrocknend.

Tipp

Fußdeo kann – genauso wie Deodorant unter
den Achseln – täglich benutzt werden. Gib ein
wenig Pulver auf deine Füße und achte sorgfältig
darauf, es überall, auch zwischen den Zehen,
zu verteilen. Du kannst das Fußdeo auch direkt
in deinen Schuhen anwenden. Sollten deine
Lieblingsturnschuhe zu miefen begonnen haben,
kannst du etwas Deo hineinstreuen und sie so
über Nacht stehen lassen. Leere sie aus, bevor du
sie wieder anziehst.

Handpeeling
mit
Mandarine

Rezept

100 ml Mandarinensaft (Saft von 4 bis 5 Mandarinen)
100 ml Mandelöl
200 ml Zucker
10 Tropfen ätherisches Mandarinenöl

Presse die Mandarinen aus und gieße den Saft durch ein Sieb, um das Fruchtfleisch zu entfernen. Vermische den Saft mit Mandelöl und gieße die Flüssigkeit über den Zucker. Füge nun das ätherische Öl hinzu und verrühre alles gründlich.

Gib einen Esslöffel des fertigen Peelings zwischen die Handflächen und massiere es in die Haut und rund um die Nägel ein. Mit Wasser entfernen.

Wirkung

Das Peeling ist gut gegen raue und trockene Haut, da die Fruchtsäure und der Zucker Hautschüppchen entfernen. Das Mandelöl macht Haut sowie Nägel weich und geschmeidig.

Tipp

Creme deine Hände stets ein, nachdem du sie gewaschen hast. Denn jedes Mal wirken Wasser und Seife austrocknend auf Nägel und Haut.

Tipp

Es gibt keinen Grund, die Schalen der Zitrusfrüchte wegzuwerfen, die in der (Kosmetik-)Küche anfallen. Denn es lassen sich ganz natürliche Dufterfrischer oder Parfüms aus ihnen gewinnen. Alles, was du brauchst, ist:

Schale von 3 bis 5 Zitrusfrüchten
100 ml destilliertes Wasser

Schneide die Schalen klein und gib sie in eine Knoblauchpresse. Drücke sie über einem Glas aus. Füge das Wasser hinzu und fülle die Mischung in eine Sprayflasche. Schon ist dein neuer Duft gebrauchsfertig.
Wenn du einen intensiveren Duft erreichen möchtest, kannst du einfach noch mehr Schalen oder weniger Wasser verwenden.
Diesen Duft kannst du sowohl für deinen Körper wie auch als Raumspray benutzen.

Tipp

In der Aromatherapie, in der mithilfe von Düften behandelt wird, verwendet man Zitrusaromen, um die Sinne ins Gleichgewicht zu bringen. Die Düfte haben unterschiedliche Wirkung:

Mandarine: Hilft gegen Unruhe, Spannungsgefühle und Angst. Auch gut gegen Schlaflosigkeit.

Zitrone: Hilft gegen Unsicherheit und Depressionen. Wirkt erfrischend und spendet Energie.

Apfelsine: Gut gegen Stress, Angstgefühle, Depressionen und Schlaflosigkeit. Wirkt zudem beruhigend.

Grapefruit: Gut gegen Stress, Kopfschmerzen und Hungerattacken. Wirkt stimmungsausgleichend.

Limette: Steigert das Selbstwertgefühl und wirkt gegen Niedergeschlagenheit.

Wohltuende
Nagelbäder

Rezept

Bleichendes Nagelbad

200 ml starker Kamillentee
Saft von 1 Zitrone

Gieße 200 ml kochendes Wasser über 1 EL
getrocknete Kamillenblüten oder 2 Beutel
Kamillentee. Lass das Ganze 7 Minuten
lang ziehen und vermische den Aufguss
mit dem Zitronensaft. Gib die Flüssigkeit in
eine Schüssel und lass sie etwas abkühlen.
Tauche die Fingerspitzen 10 bis 15 Minuten
in dieses Nagelbad.

Nagelbad für geschmeidige Hände

100 ml Vollmilch
100 ml Mandelöl

Erwärme die Milch, rühre das Mandelöl
hinein. Gieße die Mischung in eine Schüssel
und tauche deine Hände in dieses warme
Bad. Lass die Flüssigkeit 20 Minuten lang
einwirken.

Tipp

Pflege deine Hände nach dem Nagelbad mit
einer fetthaltigen Creme und gib ein paar Tropfen
Mandelöl auf deine Nagelhaut, um ein Austrock-
nen zu vermeiden.

Tipp

Wende das Nagelbad für geschmeidige Hände vor
der Maniküre an. Das Bad ist die optimale Pflege
für trockene Nagelhaut, die sich nach dieser
Behandlung leicht nach hinten schieben lässt.
Auch die Nägel selbst kann man danach besser
schneiden.

Fakten

Das Vitamin Biotin hilft dabei, deine Nägel kräf-
tiger zu machen. Biotin ist in Obst, dunkelgrünen
Gemüsesorten und Eiern enthalten. Wenn du
also genügend davon isst, sehen deine Nägel
bestimmt bald schön und gesund aus.

Schönheit

von innen

Limonade
mit Klee

Rezept

1 Liter Klee (Wiesenklee, Rotklee, nur die Blüten)
1,2 Liter Wasser
125 ml frisch gepresster Zitronensaft
6 EL Honig

Lass die Kleeblüten 7 Minuten lang im Wasser kochen und gieße den Sud anschließend durch ein Sieb. Rühre nun den Zitronensaft und den Honig in die Flüssigkeit und stelle die Limonade kühl. Eiskalt servieren.

Wirkung

Rotklee stärkt das Immunsystem und mindert Menstruationsbeschwerden.

Fakten

Rotklee findest du den ganzen Sommer über im Garten und auf Wiesen. Sammle keine Pflanzen in der Nähe von gespritzten Feldern oder verkehrsreichen Wegen, denn diese können Schadstoffe enthalten.

Tipp

Du kannst Rotklee trocknen und einen Tee aus den Blüten zubereiten. Pflücke sie mit Stiel und hänge sie mit dem Kopf nach unten so lange auf, bis sie trocken sind (etwa 14 Tage). Rotklee an sich schmeckt eher neutral, aber mit Pfefferminze oder Süßholzwurzel gemischt und mit Honig gesüßt schmeckt der Tee sehr lecker.

Holunderbeer-Drink
zur
Stärkung des Immunsystems

Rezept

300 ml Holunderbeeren
1 Liter Wasser
2 TL geriebener Ingwer
1 TL gemahlener Zimt
1 TL Nelken
5 EL Honig

Streife die Holunderbeeren von den Stielen und wasche sie. Gib sie zusammen mit Ingwer, Zimt und Nelken in einen Topf. Gieße Wasser darüber, koch die Mischung auf und lass sie 20 Minuten simmern. Seihe den Sud durch ein Sieb ab und lass ihn etwas abkühlen. Wenn er lauwarm ist, rührst du den Honig hinein und stellst das Ganze kühl.

Trinke täglich ein Schnapsglas davon und du trickst die herbstlichen Erkältungswellen aus. Holunder ist voller Vitamin A, B und C. Natürlich kannst du auch gleich eine große Portion Saft zubereiten und diesen dann in kleineren Mengen einfrieren. So hast du den ganzen Winter über gesunde Drinks zur Hand.

Tipp

Die schwarzlila Holunderbeeren hängen in üppigen Dolden ab Ende August und den ganzen September über – mancherorts auch bis in den Oktober hinein – bereit zum Pflücken an den Sträuchern. Holunder findet man an Feld- und Waldrändern, aber auch in vielen Gärten und Parks.

Fakten

In früheren Zeiten verwendete man Holunder sowohl gegen Malaria, Zahnschmerzen und Brandwunden als auch zum Haarefärben. Heute findet man seine Wirkstoffe vor allem in Naturheilmitteln gegen Grippe, Husten oder Erkältungen.

Das ganze Jahr hindurch Beeren

Holunderbeeren hängen nur für kurze Zeit an den Sträuchern. Wenn du eine große Portion sammelst, kannst du sie ganz einfach haltbar machen. Lege die entstielten, gewaschenen Holunderbeeren auf ein mit Backpapier belegtes Backblech. Schiebe sie bei 50 Grad in den Ofen, bis sie komplett trocken sind. Gib sie nun in ein Glas und hole sie ganz bequem immer dann hervor, wenn du sie brauchst.

Ingwer-
Sprudel

Rezept

200 Gramm frischer Ingwer
100 ml Zucker
1 Limette
5 EL Honig

Schneide den Ingwer in dünne
Scheiben und gib ihn mit Wasser und
Zucker in einen Topf. Bring das Ganze
zum Kochen und lass es circa 20 Minuten simmern, bis sich die Flüssigkeit
um die Hälfte reduziert hat. Gieße sie
nun durch ein Sieb und schmeck den
Sud mit Honig und Limettensaft ab.
Mische das Ingwer-Konzentrat mit
1,5 Liter spritzigem Mineralwasser

Fakten

Ingwer wird in der chinesischen Medizin gegen
eine ganze Reihe von Leiden eingesetzt und ist
auch heute immer noch eine beliebte Heilpflanze. Ingwer hilft dem Körper unter anderem bei der Aufnahme wichtiger Nährstoffe.
Er wirkt zudem bestens gegen Entzündungen.
Ingwer kann recht nützlich sein, wenn du an
Erkältung, Grippe, Übelkeit oder Reisekrankheit
leidest.

Tipp

Wenn du dir gerne die guten Eigenschaften
des Ingwers zunutze machen möchtest, aber
wenig Zeit hast, kannst du dir auch schnell
einen Tee zubereiten. Dafür gießt du kochendes Wasser über ein paar Scheiben frischen
Ingwer und gibst etwas Limetten- oder Zitronensaft und einen Löffel Honig hinzu. Lass den
Tee ein paar Minuten ziehen. Ingwer schmeckt
scharf und würzig. Er ist sehr beliebt in der
asiatischen Küche.

Wass

60 Prozent unseres Körpers bestehen aus Wasser und täglich verliert man etwa einen halben Liter, wenn man nichts trinkt. Beinahe alle Körperfunktionen sind abhängig von Flüssigkeit und du spürst es schnell, wenn du nicht ausreichend davon zu dir nimmst. Du wirst müde und fühlst dich schlecht. Außerdem kannst du Kopfschmerzen, Schwindel und Konzentrationsschwierigkeiten bekommen. Du solltest circa 1,5 Liter Flüssigkeit täglich trinken. Wenn es warm ist und du schwitzt, z. B. beim Sport, ist dieser Bedarf sogar noch höher!

Das Allerbeste, was du trinken kannst, ist ganz gewöhnliches Leitungswasser. Es ist rein und frei von Zucker oder anderen Zusatzstoffen, die nicht gut für deinen Körper sind.

Tipp

Wasser ist auch äußerlich angewandt gut für deinen Körper! Nimm jeden Tag ein kaltes Duschbad – das steigert die Durchblutung und stimuliert das Immunsystem. Außerdem spendet es Energie und hellt die Stimmung auf. Natürlich kostet das Überwindung, aber hinterher wirst du dich garantiert voller Schwung in den Tag stürzen.

er

TALVANDSFABRIKEN „AALBORG."
TELEFON Nº 2 02 84.

Apollinaris

C, DIÆTISK, BAKTERIE FRIT-
ERAL - VAND.

Dette Apollinarisvand indeholder ganske de sam
me Stoffer som det under Navn af ægte Apollinaris
fra Neuenahr i Rhinprovinsen importerede Vand. Book
i Karakter og Smag er dette Vand ganske som det tyske

Iss dich schön

schön

– Lebensmittel für tolle Haut

Fettige Haut

Die meisten Pickel oder Unreinheiten sind auf hormonelle Veränderungen im Körper zurückzuführen. Aber auch das, was du isst, kann einen großen Einfluss haben. Indem du die richtigen Lebensmittel wählst, lassen sich Pickel und Unreinheiten minimieren, ein schöner Glanz sowie eine geschmeidige Haut erzielen oder auch dunkle Augenringe verhindern. Gleichzeitig bekommst du mehr Energie. Und genau das bringt dich in den Augen der anderen zum Strahlen – und du wirst sicher auch selbst einen Unterschied feststellen.

Es gibt vor allem ZWEI DINGE, die du meiden solltest, wenn du dir eine reinere Haut wünschst:

Zu den großen Übeltätern gehören MILCH und MILCHPRODUKTE. Vor allem Magermilch kann die Anzahl an Pickeln verschlimmern. Nicht das Fett in den Produkten ist das Problem, sondern hormonähnliche Stoffe, welche die Haut zum Ausbruch bringen.

Die anderen Sünder sind Lebensmittel, die deinen BLUTZUCKERSPIEGEL ansteigen lassen, z. B. WEISSBROT, CORNFLAKES, SÜSSIGKEITEN und SPRUDELWASSER. Wenn du diese Dinge zu dir nimmst, steigt die Talgproduktion und du bekommst Pickel. Deshalb probiere mal aus, diese Lebensmittel öfters wegzulassen.

Es gibt keine Untersuchungen, die darauf hinweisen, dass fettes Essen die Bildung von Pickeln verstärkt. Allerdings ist bewiesen, dass FETTARME Lebensmittel mit hohem Ballaststoffanteil den Anteil jener Hormone im Körper verringern, die für die Pickelentstehung verantwortlich sind.
Wenn du unreine Haut hast, solltest du also ballaststoffreiche Kost essen und Getränke wählen, die reinigend wirken.

ISS

Nüsse
Eier
Lachs
Rote Beete
Honig (anstatt Zucker)
Traubenkernöl (anstatt anderer Fette)

TRINK

Brennnesseltee
Bockshornkleetee
Süßholzwurzeltee
Ingwertee
Wasser mit Zitrone (Übertreibe es mit dem Zitronensaft nicht, auf die Dauer könnte er deine Zähne schädigen.)

Trockene
Haut

Wenn du trockene Haut hast, solltest du Lebensmittel zu dir nehmen, welche die Feuchtigkeit in der Haut speichern und ihr jene
Fettstoffe sowie Feuchtigkeit liefern, die ihr fehlen.

ISS

Avocado
Fetten Fisch (z. B. Lachs oder Makrele)
Mandeln
Pflanzenfette (z. B. Olivenöl und Traubenkernöl)

TRINK

Mindestens 2 Liter Wasser oder Kräutertee täglich. Vermeide hinge-
gen schwarzen Tee sowie Kaffee, da beides leicht entwässernd wirkt.

Normale
HAUT

ISS

Ballaststoffreiche Gemüsesorten sind gut, spare an Fett und Zucker. Beeren und Obst sind ein hervorragender Ersatz für Süßigkeiten, welche neben Zucker auch ungesunde Zusatzstoffe enthalten.
Gesundes Fett bekommst du durch Fisch und fettreiche Gemüsesorten, z. B. Avocado, Mandeln und Nüsse.

TRINK

Massenhaft Kräutertee

Grüner Tee schützt die Haut vor Schäden und wirkt gegen schlechte Einflüsse, denen die Haut täglich ausgesetzt ist. Dieser Tee tut wirklich gut. Allerdings solltest du mit kleinen Portionen beginnen, damit sich dein Organismus an die Inhaltsstoffe gewöhnen kann.

Sauna,
Dampfbad,
Trockenbürsten
und Ingwer-Fußbad

— Entgiftung des Körpers von außen

Die Haut ist ...

... das größte Organ des Körpers. Unter anderem auch über sie scheiden wir Giftstoffe, sogenannte Toxine, aus, die sich dort ansammeln. Unser Körper kann sich ziemlich gut selbst reinigen, aber immer wieder einmal sollten wir ihm etwas dabei helfen. Dann werden wir auch jene schädlichen Substanzen, die wir durch unsere tägliche Nahrung aufnehmen, wie Konservierungsmittel, Spritzgifte und andere Chemie, wieder los.
Auch wenn wir zu viel Zucker essen, belastet das unseren Körper sehr. Er lässt uns müde, gestresst oder schlecht gelaunt werden und verursacht Beschwerden wie Kopf- oder Gelenkschmerzen.

Eine der besten Möglichkeiten, den Körper zu reinigen, ist das Schwitzen. Das wäre also ein guter Grund dafür, sich zu bewegen. Außerdem solltest du viel Wasser trinken. Manchmal aber sind Wasser und Bewegung einfach nicht genug. Dann ist vielleicht eine der folgenden Methoden das Richtige für dich. Mit ihnen kannst du deinen Körper einmal pro Woche entgiften.
Einige der Behandlungen sind zu Hause durchführbar, für andere musst du in ein Schwimmbad oder ein Spa-Zentrum. Du bestimmst selbst, ob du die Reinigung als Programm durchführst oder nur jene Teile auswählst, die du am liebsten magst.

Trockenbürsten

Deine Hautzellen befinden sich im ständigen Wechsel. Die alten Zellen sterben ab und neue kommen hinzu. Um der Haut zu helfen, frisch zu bleiben und die Durchblutung zu steigern, kannst du einmal pro Woche ein Trockenbürsten vornehmen.

So wird's gemacht

Besorge dir eine weiche oder mittelweiche Bürste mit Naturborsten. Es darf nicht wehtun, wenn du sie verwendest, es ist aber normal, wenn deine Haut dabei ein klein wenig rot wird. Beginne bei den Füßen und bürste mit langen, schnellen Bewegungen nach oben in Richtung Herz. Höre bei den Hüften auf und setze das Ganze von den Händen ausgehend in Richtung Herz fort. Anschließend bürstest du mit kreisenden Bewegungen im Uhrzeigersinn von den Schultern bis hinunter zu den Pobacken und vom Brustkorb bis zum Nabel. Zu guter Letzt kommen noch die Oberschenkel an die Reihe.

Das Trockenbürsten ist sinnvoll, bevor du ein normales Bad nimmst oder aber vor einem Saunabesuch. Dann ist deine Haut bereit für eine supergesunde Schwitzrunde.

Sauna

So ein Ausflug ins Warme ist eine feine Sache. Zuerst geht's unter die Dusche, wo du deinen ganzen Körper säuberst. Die Wärme der Sauna öffnet die Poren der Haut. Deshalb ist es wichtig, dass sich keine Bakterien auf der Haut befinden, die tiefer eindringen könnten. Lege dich auf die zweitunterste Bank, wenn du das Saunieren nicht gewöhnt bist. Hier ist es warm genug, um die volle Wirkung der Wärmebehandlung abzubekommen, gleichzeitig ist die Hitze noch erträglich. Wenn ausreichend Platz vorhanden ist, kannst du dich auch ausgestreckt auf den Rücken legen. So entspannst du am besten. Nach 15 Minuten wird es Zeit für die erste Abkühlung. Gehe hinaus und wasche dich kurz mit kaltem Wasser ab. Zu Beginn muss das Wasser nicht eiskalt sein, aber später, wenn du dich erst einmal an die Saunabehandlungen gewöhnt hast, wirst du sicherlich sowohl mehr Wärme als auch Kälte locker ertragen. Nach der Abkühlung gibt's eine weitere Runde in der Sauna. Bleib wieder 15 Minuten lang dort und gehe dann unter die kalte Dusche. Bei deinen ersten Saunabesuchen solltest du nicht mehr als zwei Durchgänge hintereinander machen. Später kannst du gerne bis zu drei Runden unternehmen.

Dampf-
bad

Probiere es einmal mit einem Besuch im Dampfbad. Auch hier wirst du komplett durchgewärmt, entspannst und spürst, wie Stress oder Unruhe langsam verschwinden. Nutze das Dampfbad auf die gleiche Weise wie die Sauna und wechsle bis zu dreimal pro Dampfbadbesuch zwischen Erwärmung und Abkühlung ab.

Reinigendes Fußbad
mit Ingwer

Für zu Hause kann ich dir eine Mini-Reinigung empfehlen. In der Zonentherapie, Akupunktur und anderen alternativen Behandlungsformen ist man der Überzeugung, dass man über die Füße auf den ganzen Körper einwirken kann. Durch Energiepunkte auf der Fußsohle und an den Seiten lasse sich eine Reinigung des Körpers durchführen. Aber auch durch ein Fußbad kannst du Einfluss nehmen.

So wird's gemacht

Schneide 50 Gramm Ingwer in dünne Scheiben oder zerkleinere eine Handvoll getrockneten Ingwer in einem Mörser. Fülle eine Fußwanne mit heißem Wasser und gib den Ingwer hinzu. Lass das Ganze so lange ziehen, bis das Wasser etwas abgekühlt ist und du die Füße hineinstellen kannst. Lass das Bad 20 Minuten lang einwirken.

Ein Ingwer-Fußbad bringt die Durchblutung in Schwung und du wirst möglicherweise ziemlich ins Schwitzen kommen. Besonders im Winter ist das eine angenehme Sache, denn es hilft auch gegen kalte Füße. Allerdings solltest du dieses Fußbad nicht häufiger als einmal am Tag anwenden.

Bewegung
durch Spiel und Spaß

Es gibt eine Menge Möglichkeiten, auf lustige Art und Weise in Bewegung zu bleiben – vor allem, wenn ihr mehrere Personen seid. Ein paar der Spiele, mit denen ihr euch als Kinder stundenlang beschäftigt habt, könnt ihr heute einfach in einem ganz anderen Tempo spielen. Außerdem macht es Spaß, gegeneinander anzutreten. Ihr könntet eine gemeinsame Joggingtour oder einen Ausflug auf Inlinern unternehmen. Oder lernt gemeinsam Skateboard fahren! Oder wie wäre es, wenn ihr mal wieder auf Bäume klettert und Äpfel pflückt? Auch verrückte Läufe lassen sich organisieren, z. B. ein Kartoffellauf oder Sackhüpfen. Wisst ihr eigentlich, wer von euch am weitesten springen oder die längste Zeit hinken kann? Nein? Dann versucht es doch jetzt sofort herauszufinden! Möglichkeiten gibt es mehr als genug, man muss einfach nur seiner Fantasie freien Lauf lassen. Es kann sogar zu einem richtigen Sport werden, immer neue, verrückte Dinge zu erfinden, die man zusammen machen kann.

Tanzen

Wenn du gerne tanzt, ist das hier vielleicht was für dich: Stell dir eine Playlist mit 5 bis 6 Lieblingsliedern zusammen und tanze einfach drauflos – ohne darüber nachzudenken, wie du gerade dabei aussiehst. Versuche, komplett loszulassen, schüttle und verrenke dich, hüpfe oder mach Headbanging, ganz wie du willst. Probiere all den Blödsinn aus, der dir gerade einfällt – bis deine Playlist zu Ende ist oder du einfach nicht mehr kannst. Tanz auch mal mit geschlossenen Augen, im Dunkeln und sing mit. So kannst du vielleicht besser völlig in die Musik eintauchen. Der Vorschlag klingt seltsam? Nur so lange, bis du es ein paarmal gemacht hast – du wirst sicher total drauf abfahren.

Vergiss
Auto und Bus!

Experten empfehlen, dass sich Kinder und Jugendliche 60 Minuten täglich bewegen. Es ist tatsächlich lebenswichtig, etwas Bewegung zu bekommen, und da bringt es schon einiges, wenn man die Treppe statt den Fahrstuhl oder das Fahrrad statt den Bus nimmt und den Tretroller benutzt, anstatt sich mit dem Auto fahren zu lassen. Du wirst sehen, wie gut es tut, sich im Alltag aus eigener Kraft fortzubewegen!

Übertraining

Manche Menschen werden regelrecht süchtig nach Bewegung. In einer Welt, in der immer mehr Extremsport betrieben wird und es modern geworden ist, den Körper an seine Grenzen zu bringen, passiert es nicht selten, dass das Training aus dem Ruder läuft. Selbst wenn du kein Profi-Sportler bist, kannst du riskieren, in ein »Übertraining« zu geraten. Dieser Begriff bezeichnet einen stressähnlichen Zustand und schadet sowohl deiner körperlichen als auch deiner mentalen Gesundheit. Übertraining entwickelt sich meist schrittweise. Das Gleiche gilt für die Symptome, die es mit sich bringt. Aus diesem Grund erkennen die Betroffenen oft gar nicht, dass etwas nicht stimmt. Solltest du dir nicht sicher sein, ob du gerade in ein Übertraining gerätst, so stell dir selbst folgende Fragen:

- Habe ich ein schlechtes Gewissen, wenn ich nicht jeden Tag trainiere?
- Hat das Training vor den meisten anderen Dingen in meinem Leben Priorität? Steht es sogar über den sozialen Verbindungen mit Familie und Freunden?
- Beeinflusst mein Training meinen Schlaf?
- Bin ich morgens außergewöhnlich müde?
- Kann ich mich körperlich nur schwer entspannen, bevor ich nicht mein tägliches Training durchgezogen habe?
- Bin ich gereizter als normal, selbst bei Kleinigkeiten?
- Habe ich Magenprobleme, z. B. Durchfall?
- Ist mein Ruhepuls höher als normal?

All das können Symptome für ein Übertraining sein. Ist das wirklich der Fall, so kannst du nur eines tun: Trainiere für eine gewisse Zeit nur sehr wenig oder gar nicht. Danach ist es ratsam, ein paar Regeln einzuhalten:
Zwischen harten Trainingseinheiten sollten mindestens 48 Stunden liegen. Sonst können deine Muskeln mit der Anstrengung nicht annähernd Schritt halten und du erzielst ohnehin nicht das optimale Ergebnis aus deiner Leistung. Sorge für genügend Ruhephasen und einen stabilen Schlafrhythmus.
Höre auf deinen Körper. Wenn du müde bist, trainiere erst dann, wenn du dich wieder fit fühlst.
Sorge dafür, dass du vor, während und nach deinem Training genügend isst und trinkst.

Wenn man gut aussehen möchte,
ist es wichtig, genügend Schlaf
abzubekommen.
Die Fachleute sind sich nicht ganz
einig, wie viele Stunden man schlafen
sollte. Manche meinen, zwischen
6,5 und 7,5 Stunden seien ausreichend,
andere wiederum halten
8 bis 9 Stunden für notwendig.
Kinder und Jugendliche brauchen in
jedem Fall mehr Schlaf als Erwachsene.
Die gute alte »8-Stunden-Schlaf-
Regel« bietet den meisten Menschen
eine gute Orientierung.
Solltest du aber noch mehr
Stunden zur Erholung brauchen,
so gönn dir diese auch.
Nur *DU* spürst, was *DEIN* Körper
braucht.

Schönheits-Schlaf

Schön werden im Schlaf, das funktioniert! Allerdings ist dafür ein regelmäßiger Schlafrhythmus wichtig. Es nützt also nichts, ein oder zwei Nächte lang genug zu schlafen und dann wieder Nachteule zu spielen. Denn wenig Schlaf verursacht Stress – und der ist keinesfalls gut für deine Schönheit. Außerdem macht Müdigkeit besonders Appetit auf Zucker und Fett – was deinem Aussehen auch wieder nicht zuträglich ist. Wenn du längere Zeit nicht ausreichend Schlaf bekommst, schwächt das dein Immunsystem und du wirst anfälliger für Krankheiten. Dein Gedächtnis sowie deine Laune werden schlechter und es wird schwieriger, dich zu konzentrieren oder neue Dinge zu lernen.

Power *Nap*

Wenn du in der Nacht nicht gut geschlafen hast, kannst du am nächsten Tag mit einem sogenannten Power Nap ein bisschen was davon nachholen. Damit meint man ein kleines Nickerchen von etwa zwanzig Minuten.

So wird's gemacht

Entspanne dich so weit wie möglich. Am besten liegst du, sitzt auf einem bequemen Stuhl oder legst den Kopf auf einen Tisch.
In dem Raum, in dem du dich befindest, sollte es total still sein.
Stelle dir den Wecker so, dass er nach 20 Minuten klingelt. Länger solltest du nicht ruhen, denn sonst fühlst du dich ziemlich sicher weniger ausgeruht.

Tipp

Du kannst auch die Entspannungsübung auf S. 149 ausprobieren. Hier wird dir gezeigt, wie du den Kopf freibekommst und einen Gang zurückschaltest.

Fakten

Ein Power Nap ist gut für Notfälle, kann aber nicht deinen Nachtschlaf ersetzen!
Wenn du abends schlecht einschlafen kannst, trinke kurz vorm Zubettgehen eine Tasse Kamillentee. Kamille wirkt schlaffördernd.

a n

c e

Beruhigendes
Riechsalz
mit Lavendel

Rezept

1 ½ EL feines Himalajasalz
2 EL getrockneter Lavendel
15 Tropfen ätherisches Lavendelöl

Zerkleinere die getrockneten Lavendelblüten zusammen mit dem Salz in einem Mörser.
Gib das ätherische Öl hinzu und vermische die Zutaten sorgfältig.
Fülle das Riechsalz in ein kleines Fläschchen oder einen anderen Behälter mit Deckel. Stecke es in deine Tasche, wenn du eine Verabredung, eine Prüfung oder etwas anderes vor dir hast, bei dem du etwas nervös werden könntest. Riech einfach kurz an dem Salz, sobald du ein Kribbeln in Bauch spürst.

Wirkung

Lavendelduft hilft dir dabei, zu entspannen und deine innere Ruhe und deine Balance wiederzufinden.

Tipp

Lavendel ist als kleines Wundermittel bekannt und wirkt auch bei Kopfschmerzen, Schwindel und Übelkeit wohltuend.

Belebendes
Riechsalz
mit Zitrone und Rosmarin

Rezept

2 EL Meersalz
Schale von 1 Zitrone
10 Tropfen ätherisches
Rosmarinöl

Reibe die Zitronenschale ab und
zerdrücke sie zusammen mit
dem Salz in einem Mörser.
Gib das Rosmarinöl hinzu und
vermische alles sorgfältig.
Fülle das Riechsalz in ein kleines
Fläschchen oder ein anderes
Gefäß mit Deckel. Schnuppere
daran, wenn du einen schnellen
Energieschub brauchst.

Wirkung

Zitrone und Rosmarin wirken
belebend und erfrischen dich.

Fakten

Riechsalz wurde im 18. Jahrhundert häufig
eingesetzt, als Frauen noch Korsetts unter
ihren großen Kleidern trugen. Da das Korsett
ihre Organe und die Lunge zusammen-
schnürte, bekamen sie nur schlecht Luft.
Deshalb fielen sie auch immer wieder in
Ohnmacht. Man hielt dann das Riechsalz
unter die Nase der Bewusstlosen, um sie
wieder auf die Beine zu bringen.

Ganz klar, Musik hat heilende Wirkung. Sie kann dir beim Entspannen helfen, einen Energiekick verpassen, dich glücklich oder traurig machen und dich zum Tanzen bringen.

Es ist praktisch, sich verschiedene Playlists zusammenzustellen, die jederzeit zum Abspielen bereitliegen, wenn du sie brauchst. Du hast sicher bereits Listen mit jenen Songs, die dir gerade am besten gefallen oder die du am liebsten mitsingst. Stell dir doch mal eine speziell zum Entspannen zusammen, eine fürs Yoga (siehe S.150), eine fürs Tanzen (siehe S.122) und eine, die dich ordentlich mit Energie vollpumpt. Du kannst auch Playlists erstellen, die dir helfen, kreativ zu sein oder Hausaufgaben zu machen.

Im Internet gibt es Musik für so ziemlich jede Gelegenheit. Du findest dort auch Playlists, die bereits von anderen erstellt wurden.

Musik hören

Für deine Entspannungs-Playlist findest du Musik, indem du Worte eingibst wie:

Meditation
Yoga
Lounge
Chill-out

Für deine Hausaufgaben-Playlist stöberst du am besten bei diesen Musikstilen:

Klassik
Instrumentals
Ambient
andere Genres ohne Gesang

Texte und Stimmen können dich leicht ablenken, wenn du deinen Kopf für andere Dinge als das Mitsingen brauchst. Hierfür kannst du auch deine Entspannungs-Playlist verwenden.

Für deine Energie- und Tanz-Playlist findest du Geeignetes, indem du nach Musikrichtungen suchst, die dir so richtig Lust auf Bewegung machen, z. B.:

House
Dance
Rock
Hip-Hop

Drei Wege, ein Tagebuch zu schreiben

Ein Tagebuch zu führen, kann bei verschiedenen Dingen hilfreich sein. Es dient dem größeren persönlichen Wohlbefinden und es hilft dir, fokussiert zu bleiben und deine Ziele zu verfolgen. Möglicherweise trägt es auch dazu bei, eine positivere Lebensanschauung zu bekommen. Auf den nächsten Seiten findest du drei bewährte Methoden. Lass dich inspirieren!

Sorgen-Tagebuch

Bekomme einmal pro Tag den Kopf frei – steck dir eine festgelegte Sorgenzeit ab

Es ist gesund, sich über Dinge Sorgen zu machen, die dein Leben tatsächlich in eine negative Richtung verändern könnten. Allerdings ist es ungesund, sich schon früh Sorgen zu machen und viel Zeit damit zu verbringen, unbegründet über Unglücke nachzudenken, die einem möglicherweise irgendwann einmal passieren könnten. Wenn du eher der besorgte Typ bist, kann dir ein Sorgentagebuch helfen.

So wird's gemacht

Wähle einen Zeitpunkt aus, an dem du täglich 10 Minuten ganz für dich hast, z. B. morgens vor dem Aufstehen oder abends vor dem Einschlafen. Schnapp dir dein Tagebuch, setz dich hin und stell den Wecker auf 10 Minuten. Schreibe nun alle deine Sorgen auf eine Seite des Buches. Es muss nicht schön aussehen, richtig geschrieben sein oder für jemand anderen Sinn ergeben. Du kannst genauso gut lange Sätze wie auch kurze Stichworte verwenden. Am wichtigsten ist, dass in deiner Aufstellung alles dabei ist, worüber du nachdenkst, was dir Angst macht oder Sorgen bereitet. Wenn der Wecker klingelt, hast du die tägliche Sorgenzeit überstanden, deinen Kopf von störenden Gedanken freibekommen und bist bereit für einen neuen Tag oder eine Mütze voll erholsamen Schlafs.

Wirkung

Wenn du alle deine Sorgen in einem Tagebuch niedergeschrieben hast, kannst du sie schwarz auf weiß vor dir sehen. Das verschafft dir einen Überblick und du wirst feststellen, dass ein Teil davon die Macht über dich verliert, sobald er auf Papier geschrieben steht.
Dein Sorgentagebuch kann auch als »To-do-Liste« für alles dienen, was du heute nicht geschafft hast, aber morgen erledigen möchtest. Auf diese Weise brauchst du deine Pläne nicht ständig im Kopf zu haben. Das Schreiben hilft dabei, dich von jenen Gedanken zu befreien, die dich nerven und deinen Blick von dem ablenken, was wirklich wichtig ist – nämlich zu leben und den Moment zu genießen.

Dankbarkeits-Tagebuch

Eine positivere Lebenseinstellung bekommen

Am allerschönsten bist du, wenn du mit einem anhaltenden Glücksgefühl durchs Leben gehst. Davon profitiert dein ganzes Ich und du kannst gegenwärtiger, verständnisvoller und fürsorglicher sein. Zudem wird es leichter, Aufgaben zu lösen und Herausforderungen zu schaffen, wenn es dir von Grund auf gut geht und du glücklich bist.

So wird's gemacht

Reserviere dir zum Schreiben des Tagebuchs jeden Abend etwa 10 bis 15 Minuten, bevor du dich schlafen legst. Schreibe mindestens drei Dinge auf, die dir tagsüber passiert sind und für die du dankbar bist. Das kann eigentlich alles sein ... Vielleicht ist die Mathestunde ausgefallen, deine Freundin hat dich zu ihrer Geburtstagsparty eingeladen oder ein süßer Typ hat dich angelächelt.

An manchen Tagen wird es nicht so einfach sein, etwas zu finden. An anderen Tagen wiederum wird es viele Dinge geben, für die du dankbar bist. Mit der Zeit wird es dir immer leichter fallen, dich beim Schreiben selbst an die winzigsten Kleinigkeiten zu erinnern, die dich zum Lächeln gebracht oder deinen Tag gerettet haben. Du konzentrierst dich also auf die positiven Erlebnisse. Wenn du dich dazu entschließt, dass nur die guten Dinge in deinem Leben von Bedeutung und die negativen Erlebnisse weniger wichtig sein sollen, dann führt das zu einer neuen Lebenseinstellung.

Wirkung

Wenn du die Augen schließt und an drei schöne Erlebnisse denkst, ist die Chance groß, dass du am nächsten Morgen glücklich aufwachst – offen und bereit, in diesen neuen Tag zu starten und mit einem Lächeln durchs Leben zu gehen.

Wunsch-
Tagebuch

Du kennst vielleicht das Gefühl, dass bei allen anderen Wünsche in Erfüllung gehen und Träume wahr werden – außer bei dir! Dass alle anderen talentiert sind, gut im Tennis, Zeichnen oder anderen interessanten Dingen … Du selbst aber kannst deine starken Seiten nicht so richtig erkennen. Du bist genauso gut wie alle anderen, aber womöglich glaubst du dennoch nicht daran, dass du deine Ziele erreichen kannst. Dann ist es vielleicht an der Zeit, damit anzufangen, dein eigenes Wunsch-Tagebuch zu schreiben.

So wird's gemacht

Tag 1

Besorge dir ein Notizbuch und schreibe auf, was du dir wünschst. Willst du in der Basketballmannschaft spielen, der beste Zeichner der Klasse sein oder ist es dein größter Wunsch, in einer Talentshow zu gewinnen?

Tag 2

Fertige eine Liste mit 20 Dingen an, die du unternehmen kannst, damit dein Traum wahr wird. Wenn du in Form kommen willst, so kannst du dir in der Bibliothek Bücher zum Thema Fitness ausleihen oder ein Laufprogramm zusammenstellen. Setze dir gewisse Zeiten, um mindestens dreimal pro Woche zu trainieren, usw. Wenn du eine gute Bäckerin werden möchtest, kannst du dir ein Backbuch kaufen und mit deiner Mutter abmachen, dass die Kuchen für den nächsten Familiengeburtstag von dir gebacken werden. Du solltest 20 Dinge auf deiner Liste haben – ganz egal, wovon du träumst. Denn das zwingt dich dazu, über den Tellerrand hinauszublicken, jenseits der einfachsten Lösungen zu denken und deine Fantasie einzusetzen.

Tag 3

Blicke auf deine an Tag 2 erstellte Liste. Welche drei dieser 20 Punkte könnten dir gerade jetzt am meisten helfen, deinem Ziel etwas näher zu kommen? Fertige eine Aufstellung der Top drei an und beginne gleich mit Nummer eins.

Tag 4

Schreibe auf, was du aus der Arbeit an Punkt 1 auf deiner Liste gelernt hast. Welche Erkenntnisse brachte das Ganze? Stelle dir eventuell auch eine To-do-Liste zusammen, falls es etwas gibt, das du noch erledigen musst, z. B. jemanden anrufen oder weitere Nachforschungen anstellen.

Die folgenden Tage ...

... und Wochen oder vielleicht Monate setzt du die Arbeit an deiner Liste weiter fort. Wenn du Punkt 1 am Tag zuvor gelöst hast, beginne am Tag darauf sofort mit Punkt 2. So machst du einfach immer weiter. Wenn du nach Erledigung der ersten Punkte der Meinung bist, deine Liste müsste aktualisiert werden, so fertige eine neue Liste mit 20 weiteren Punkten an.

Dinge, die du wissen solltest, um Träume wahr werden zu lassen

Nur du kannst dafür sorgen, dass deine Träume in Erfüllung gehen. Wenn du etwas wirklich willst, muss es oberste Priorität haben, sonst kannst du nicht damit rechnen, dass es gelingt. Arbeite jeden Tag an deinem Traum und sei hartnäckig. Bleib immer dran, auch wenn du manchmal das Gefühl hast, dass es nicht schnell genug geht.

Egal, woran du auch arbeitest, so bist du nach 10.000 Stunden Übung auf jeden Fall Experte darin. Erwiesenermaßen ist es nicht so wichtig, ob man Talent für etwas hat, z. B. Singen, Tanz oder Sport. Viel wichtiger ist nämlich, dass du so viel wie möglich dafür trainierst, wenn du gut werden willst.

Schon die Vorstellung, dass es dir gelingen kann, hat große Bedeutung dafür, ob du deine Träume erreichen wirst! Übe also den Glauben daran. Vertraue auf deine Fähigkeiten und kämpfe für das, was du erreichen willst.

Visualisierung

Visualisierung ist ein Werkzeug, mit dem du dein Leben formen kannst.
Es ist wissenschaftlich erwiesen, dass du mithilfe von Visualisierung in deinem Alltag bessere Resultate erzielst und Herausforderungen gelassener meisterst als ohne.
Wie bei allem anderen auch wirst du gut, wenn du es übst – und das ist in diesem Fall nicht schwer. Du visualisierst nämlich bereits alles Mögliche, vielleicht ohne überhaupt darüber nachzudenken.

Visualisierung bedeutet, dass du *DIR DEINE WÜNSCHE VORSTELLST*. Dieses Prinzip kannst du anwenden, wenn du zu einer Prüfung musst, an einem Wettbewerb teilnimmst oder vor anderen Herausforderungen stehst. Auch in der Kosmetikbranche gibt es viele, die damit arbeiten. Egal, was du visualisieren willst – die Vorgehensweise ist immer die gleiche.

Visualisierung

Visua

So wird's gemacht

Stufe 1

Setz dich gemütlich hin und nimm dir einen Schreibblock und einen Kugelschreiber. Notiere, was du gerne erreichen möchtest.
Wenn du schöner sein willst, kannst du aufschreiben, wie du gerne aussehen würdest. Welche Ausstrahlung du gerne hättest, wie deine Haut schimmern und dein Haar glänzen soll. Wie du dich mit aufrechter Haltung und hoch erhobenem Kopf bewegst, sodass andere dir einfach hinterherblicken müssen, weil du so schön und anziehend bist.

Wenn es um eine Prüfung geht, schreib auf, wie du in den Raum kommst, dir eine Frage aussuchst, dich zur Vorbereitung hinsetzt und dann konzentriert arbeitest. Notiere, wie du von deiner Lehrkraft abge-holt wirst, dich an das Pult setzt und die Prüfer mit deiner Präsentation beeindruckst. Schreibe dann noch auf, wie du nach draußen geschickt wirst, um im Gang zu warten – bis die Tür zum Prüfungsraum aufgeht und du schließlich eine gute Note bekommst.

EGAL, worum es bei deiner Visualisierung auch gehen mag – es ist stets hilfreich, so viele positive Details wie möglich hervorzuheben. Lies deine Notizen ein paarmal durch, bevor du zu Stufe 2 übergehst.

Visualisierung

Stufe 2

Lege dich auf den Rücken und schließe die Augen. Achte darauf, dass du bequem liegst, und höre vielleicht ein bisschen entspannende Musik. Versuche nun, all das, was du gerade aufgeschrieben hast, vor deinem inneren Auge zu sehen. Lass das Ganze wie einen Film hinter deinen Augenlidern ablaufen und nimm so viele Details wie möglich wahr. Versuche ebenso, Emotionen mit ins Spiel zu bringen. Wie fühlt sich Erfolg an? Wie ist es, so schön zu sein, wie du es dir immer gewünscht hast? Oder die Note Eins zu bekommen, ganz so wie in deinen Träumen? Je mehr positive Gefühle du spürst, desto besser.

Nimm dir die Zeit, täglich zu visualisieren. Versuche es z. B. beim ersten Mal eine halbe Stunde lang. Eine Viertelstunde für das Aufschreiben und eine weitere für die Visualisierung deines »inneren Films«. Die nächsten Male reichen dann 20 Minuten. Du brauchst ein paar Minuten, um das Aufgeschriebene erneut durchzulesen, und den Rest der Zeit, um es vor dir zu sehen.

Trainiere deine Visualisierungen! Behalte deine positiven Bilder so lange in Erinnerung, stelle dir alles so lebendig vor und lege so viele positive Gefühle hinein wie überhaupt möglich. All das zusammen hat einen Einfluss darauf, wie wirkungsvoll deine Visualisierung sein wird.

Spieglein, Spieglein
an der Wand

Vielleicht geht es dir so wie ganz vielen Mädchen auch. Wenn du dich im Spiegel betrachtest, zeigt er dir ganz genau nur jene Dinge, die dir nicht besonders gefallen. Daran ist aber nicht der Spiegel schuld, sondern es ist eine schlechte Angewohnheit, die insbesondere Mädchen haben. Untersuchungen zeigen, dass Jungen und Männer ein sehr viel besseres Bild von sich selbst haben. Davon können wir Mädels wirklich noch was lernen.

Triff eine Entscheidung: Von nun an ist SCHLUSS DAMIT, dich beim Blick in den Spiegel auf die Dinge zu konzentrieren, die dir nicht gefallen. Du darfst dich nicht mehr länger auf diese traurige Weise betrachten und immer nur denken: Meine Nase ist zu groß, meine Hüften sind zu breit, meine Beine sind zu kurz und meine Augen sind zu klein ... Oder was auch immer es sein mag, womit du unzufrieden bist.

Übung

Stell dich vor einen Spiegel, in dem du deinen ganzen Körper sehen kannst. Du bestimmst selbst, ob du lieber in Unterwäsche, angezogen oder splitternackt dastehst. Das Wichtigste ist, dass du dich wohlfühlst.

Beginne unten bei den Füßen und arbeite dich hoch, bis zu deinem Gesicht. Betrachte deine Füße, Knöchel, Waden, Knie und deine Schenkel. Jedes Mal, wenn du etwas siehst, das dir gefällt, dann sagst du es laut heraus. Z.B.: »Was für tolle Waden ich doch habe! Und so schöne, gleichmäßige Beine.« Wenn du zu jenen Stellen kommst, die du nicht leiden kannst, so erlaube es den üblichen düsteren Gedanken gar nicht erst zu entstehen. Lass deinen Blick zum nächsten Bereich, der dir gefällt, weiterwandern und sag etwas Nettes. »Ich bin froh, dass ich so einen langen Hals habe. Auch meine Augen gefallen mir. Ich habe weiche Lippen und schönes Haar.« Wenn es dir schwerfällt, etwas Schönes an dir zu finden, ist diese Übung genau das Richtige für dich. Auch wenn du das wahrscheinlich zunächst nicht glaubst. Probier es aus. Du bist sicher total schön! Nun ist es deine Aufgabe, mindestens FÜNF Dinge im Spiegel zu entdecken, die du magst. Nächstes Mal, wenn du diese Übung machst, musst du sieben Dinge finden.

Es geht darum, dein Körperbild zu verändern – also die Art und Weise, wie du dich selbst betrachtest. Und das braucht etwas Übung. Wenn es dir allmählich gelingt, positiv über dich zu denken und zu sprechen, kannst du die Übung auf 10 oder 20 Dinge erweitern. Die Übung lässt sich auch zusammen mit einer Freundin machen. Du und deine Freundin nennt abwechselnd insgesamt 5 Dinge, die ihr an euch selbst mögt, und danach abwechselnd wiederum 5 Dinge, die ihr an der anderen hübsch findet. Es ist natürlich TOTAL VERBOTEN, der anderen zu widersprechen.

Es ist sinnvoll, die Übung zusammen zu machen, denn oftmals mögen andere Menschen Dinge an uns, die wir selbst nicht besonders gut finden – oder die uns gar nicht erst aufgefallen wären.

YOGA

Was ist Yoga?

Yoga bedeutet Vereinigung und soll Körper, Geist und Seele in Einklang bringen. Die hinduistischen Schriften, die sich mit Yoga beschäftigen, zeigen, dass es hier um eine Philosophie geht. Sie hält Anweisungen für alle Bereiche des Lebens bereit. So gibt es Anleitungen, wie man einfache, natürliche Kost zubereitet, Übungen an der frischen Luft macht und wie wir eine reine, unbekümmerte Seele erlangen. Das Gute am Yoga ist, dass man jederzeit und ohne Aufwand damit beginnen kann. Es eignet sich für alle – und wenn du Lust hast, kannst auch du hier und jetzt damit anfangen.

Atmung

Die Atmung ist ein zentrales Element im Yoga und es gibt viele Techniken, die du trainieren kannst. Durch die Arbeit mit der Atmung richtest du die Aufmerksamkeit stärker auf dich und deinen Körper. Du lernst, im Hier und Jetzt zu sein und deine Energie zu bündeln.

Es wird dir außerdem besser gelingen, dich selbst zu spüren – wahrzunehmen, was in deinem Körper passiert, wie deine Stimmung ist und was du gerade fühlst.

Dies ist ein guter Ausgangspunkt, um ein besseres Selbstwertgefühl aufzubauen, mit deinem Körper glücklich zu werden und nicht zuletzt innere Ruhe zu finden.

Beginne damit, bei jedem Ein- und Ausatmen bis drei zu zählen. Versuche dann, dich so weit zu trainieren, dass du jedes Mal bis sechs zählen kannst. Übe mit jeweils 15 Atemzügen.

Entspannung

Entspannung ist ein wichtiger Teil des Yoga und jede Yogasitzung endet mit einer ausgiebigen Entspannungsrunde.

Es gibt massenhaft CDs, die dir beibringen zu relaxen, aber es geht auch ganz ohne Hilfsmittel. Z.B. so:

Lies dir die Anleitung durch, bevor du damit anfängst.

Lege dich auf deiner Matte auf den Rücken, eventuell mit einem Kissen unter den Knien. Lege die Arme seitlich entlang des Körpers, deine offenen Handflächen zeigen zur Decke. Schließe die Augen und nimm ein paar tiefe Atemzüge. Atme nun weiter durch die Nase ein und aus, bis ganz hinunter in den Bauch.

Konzentriere dich nun auf deine Füße. Entspanne deine Zehen, Füße sowie Knöchel und spüre, wie die Fersen schwer auf der Unterlage liegen. Gehe nun in Gedanken zu den Waden und entspanne sie, ebenso die Schenkel und Hüften. Dann folgen die Pobacken, der Rücken, die Hände, Arme und Schultern. Zu guter Letzt kommen noch der Nacken, Hinterkopf und das Gesicht an die Reihe. Entspanne Wangen, Lippen, Kinn und Stirn. Nun bist du überall an deinem Körper gewesen und hast bewusst jeden einzelnen Muskel entspannt. Bleib liegen und genieße deinen relaxten Zustand, während du 10 bis 20 Minuten lang ruhig atmest.

Es heißt, dass eine halbe Stunde tiefer Entspannung den gleichen Effekt hat wie vier Stunden Schlaf!

Mini-Programm

Hier ist ein Mini-Programm mit Yoga-übungen, die du z. B. jeden Morgen machen kannst. Sie lassen sich auch durchführen, wenn du gerade freihast und am Nachmittag einen Energieschub brauchst.

1.

Setze dich im Schneidersitz auf eine am Boden liegende Matte oder Ähnliches und schließe die Augen. Lege die Hände auf die Knie und lass deine offenen Handflächen nach oben zeigen. Richte deinen Rücken gerade und stelle dir vor, dass ganz oben an deinem Kopf eine Schnur befestigt ist. Diese zieht dich nach oben und richtet dich auf. Bringe deinen Atem nun in einen ruhigen Rhythmus. Bleib einige Minuten in dieser Stellung sitzen und vertreibe alle Gedanken aus deinem Kopf. Lass die aufkommenden Gedanken einfach so vorbeigleiten, ohne sie zu beachten, und sei ganz bei dir selbst, so wie du jetzt gerade im Moment bist. Wenn du deinen Kopf schließlich freibekommen hast und dein Atem ruhig ist, kannst du die Augen wieder öffnen.

2.

Bleib im Schneidersitz sitzen und drehe den Oberkörper nach rechts, achte dabei stets auf einen geraden Rücken. Beginne mit einer Ausatmung, atme ein und steigere die Drehung beim nächsten Atemzug. Es sollte immer noch angenehm sein, zwinge deinen Körper also nicht darüber hinaus. Wenn du deine persönliche Grenze erreicht hast, hältst du diese Position, während du ein paarmal ein- und ausatmest. Dann drehst du dich zurück in die Ausgangsposition. Wiederhole die Übung nun mit der linken Seite.

3.

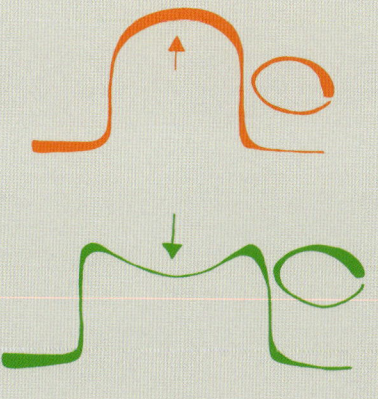

Strecke deine Beine vor dir aus, ziehe die Knie zu deinem Brustkorb heran, setze die Füße auf die Matte und stelle dich hin. Gehe nun in den Vierfüßlerstand. Bei der nächsten Ausatmung machst du einen Katzenbuckel, atmest ein und steigerst die Krümmung bei der nächsten Ausatmung. Halte die Stellung noch einen weiteren Atemzug lang und gehe dann zurück in die Ausgangsposition.

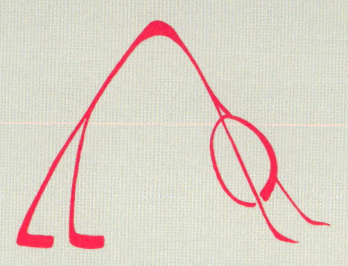

Gehe nun beim Ausatmen ins Hohlkreuz, atme ein und steigere das Hohlkreuz bei der nächsten Ausatmung. Halte diese Position zwei Atemzüge lang und gehe dann zurück zur Ausgangsposition. Wiederhole die Übung.

4.

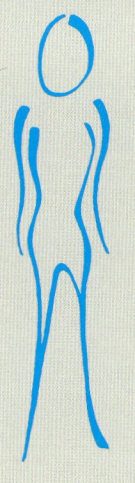

Lege die Hände auf die Matte und stelle dich so auf deine Füße, dass du wie ein umgedrehtes V dastehst, den Po in die Höhe gereckt. Zwischen deinen Händen soll etwa schulterbreit Platz sein, ebenso zwischen deinen Füßen. Lass den Kopf zwischen die Arme fallen, strecke die Arme und den Rücken und versuche, ob du nun auch noch die Beine strecken kannst. Presse die Fersen auf den Boden. Diese Position nennt man im Yoga Hundestellung. Bleib ein, zwei Minuten – oder solange du kannst – so stehen. Behalte die Hände auf der Matte und gehe mit den Füßen nach vorne, löse die Hände vom Boden, rolle den Rücken langsam mit schwerem Kopf nach oben, bis du aufrecht stehst und gerade nach vorne blickst.

5.

Stelle dich hin, positioniere die Füße dabei parallel mit einer Hüftbreite Abstand dazwischen. Spüre, wie deine Füße fest auf der Matte stehen. Spreize die Zehen.

Richte den Rücken gerade und hebe die Brust, während du die Schulterblätter am Rücken zusammenziehst und die Arme nach unten gen Boden streckst. Ziehe den Bauch ein klein wenig ein und atme so, dass dein Brustkorb sich etwas mehr bewegt als in der Entspannungsphase. Das nennt man im Yoga Bergstellung. Ein Berg ist unerschütterlich. Halte diese Position ein oder zwei Minuten.

Massage

Massagen werden oft als Hilfe gegen schmerzende oder steife Muskeln eingesetzt. Die Massage jedoch, die du hier lernst, lässt sich als Wohlfühl-massage bezeichnen. Es geht um eine behutsame Form, mit der du dich ver-wöhnen lassen oder anderen etwas Gutes tun kannst. Sie ist gesund für Körper und Geist:

Lege eine Yogamatte oder Ähnliches, bedeckt mit einem Laken, auf den Boden. Halte Handtücher bereit. Diese können zusammengerollt unter Knö-chel, Knie und Kopf gelegt werden – je nachdem, wo du massierst. Du kannst auch Handtücher verwenden, um jene Teile des Körpers abzudecken, die gerade nicht behandelt werden.

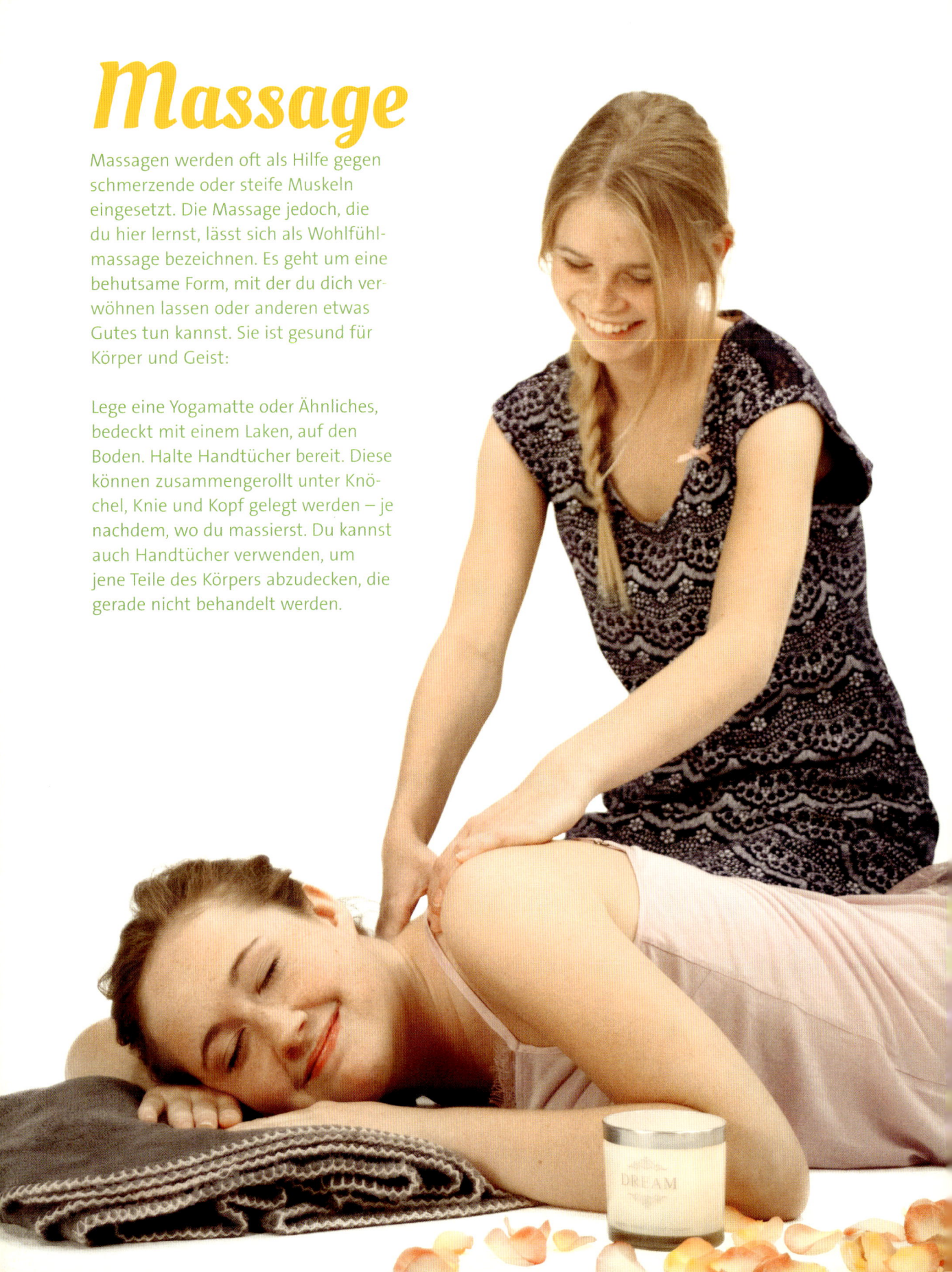

Massage

– so wird's gemacht

Du kannst eine Ganzkörpermassage geben oder nur einzelne Bereiche massieren. Beginne mit zartem Streichen, gehe dann zum Kneten über, anschließend zur Reibung und beende die Massage mit Schlägen oder Klopfen mithilfe der Handkanten. Schließe einen Bereich ab, bevor du zum nächsten übergehst.

Streichen

Verteile etwas Massageöl gleichmäßig auf dem Bereich, den du massieren möchtest. Streiche mit flacher Hand und in ruhigem Rhythmus über die Haut. Achte darauf, nach oben in Richtung der Muskelfasern zu streichen, d. h. bei Beinen, Füßen oder dem Rücken gerade nach oben.

Kneten

Nach dem sanften Streichen ist es an der Zeit, etwas härter zuzugreifen. Platziere deine leicht abgerundete Hand auf der Stelle, die du massieren möchtest, und knete in großen, kreisenden Bewegungen. Die Hand darf nicht auf der Haut herumrutschen, wird aber immer wieder verschoben, wenn du einen kleineren Bereich bearbeitet hast.

Reibungen

Platziere deinen Daumen auf dem Muskel, den du massieren willst. Verwende die anderen Finger als Stütze. Nun massierst du mit kurzem, festen Druck nach oben in Richtung der Muskelfasern.

Schlagen und Klopfen

Nach einer ausgiebigen Runde Kneten und Reiben wird die Massage mit Schlagen und Klopfen abgeschlossen. Das sollte nicht wehtun und die Technik darf ausschließlich an Muskeln angewendet werden, nicht bei hervorstehenden Knochen.

Du kannst entweder mit den Handkanten oder einer lockeren Faust auf die massierten Bereiche klopfen.

Hände und Füße

An Händen und Füßen musst du ein bisschen anders vorgehen.

Massiere immer nur einen Finger oder Zeh nach dem anderen, vom Nagel in Richtung Körper. Massiere dann die Oberseite, also den Handrücken oder den Fußrist, indem du mit beiden Händen zugreifst und mit dem Daumen zwischen den kleinen Knöcheln massierst, immer in Richtung Körper. Abschließend massierst du die Handfläche mit dem Daumen in Richtung Arm oder die Fußsohle zum Bein hin.

Ganzkörpermassage

Wenn du den ganzen Körper massierst, beginne mit den Füßen, nimm dir dann die Vorderseite, danach die Rückseite der Beine vor, bis ganz hinauf zu den Pobacken.

Massiere anschließend die Hände und die Vorderseite der Arme, die Rückseite der Arme und den Rücken.

Wenn du eine Po-Massage geben möchtest (das fühlt sich echt fantastisch an!), so beginne damit, nachdem du die Hinterseite der Beine bearbeitet hast.

Spa-Tag
mit Freundinnen

Wenn du Geburtstag feierst oder einfach nur Lust darauf hast, dich selbst und deine Freundinnen richtig zu verwöhnen, so kannst du zu einem Spa-Tag einladen. Das wird auf jeden Fall ein toller Tag mit viel Zeit, um zu quatschen und gemeinsam zu lachen. Und obendrein werdet ihr auch noch schön – von Kopf bis Fuß.

In den Tagen davor kannst du die Produkte herstellen, die ihr ausprobieren wollt. Denke daran, dass ein paar davon vielleicht im Kühlschrank aufbewahrt werden müssen, bis ihr sie benutzt (siehe S. 164).

Du bestimmst, wie viele Behandlungen ihr macht. Besonders angenehm ist es, wenn ihr für jeden Körperteil mindestens ein Produkt anwendet – also ein Gesichtspeeling oder eine Maske, vielleicht sogar beides, ein Nagelbad sowie ein Fußbad. Oder massiert euch abwechselnd gegenseitig mit einem angenehmen Massageöl. Wenn du dann noch für jede von euch einen kleinen Lotion Bar vorbereitet hast, mit dem ihr euch abschließend eincremen könnt, ist das Spa-Erlebnis perfekt!

Wenn ihr im Sommer einen Spa-Tag abhaltet und draußen sein könnt, macht es auch nicht so viel aus, wenn ihr etwas herumkleckert. Ihr könnt euch dann die Haare nach einer Haarkur oder nach einem Farb-Booster unter dem Gartenschlauch waschen. Wenn ihr aber drinnen seid, ist es am einfachsten, ihr haltet euch an solche Behandlungen, nach denen ihr nicht unter die Dusche müsst.

Wenn du wirklich etwas Besonderes veranstalten möchtest, kannst du das Zimmer, in dem ihr euch aufhalten werdet, passend dazu einrichten. Es sollte zu Entspannung und Wellness einladen. Wirf ein paar Laken über die Möbel und lege große Kissen, auf denen ihr sitzen könnt, auf dem Boden.
Wenn du möchtest, zünde eine Duftlampe mit ätherischem Öl oder Räucherstäbchen an und stelle eine Playlist mit schöner Musik zusammen.
Fülle ein, zwei Kannen mit Eiswasser und bereite einen Kräutertee zu. Serviere gesunde Snacks. So könnt ihr den ganzen Tag hindurch zwischen den Behandlungen kleine Leckereien naschen.

Bitte deine Gäste ...

... eine Badekappe mitzubringen und ein paar Handtücher. Eventuell auch eine kleine Wanne, damit ihr alle gleichzeitig ein Fußbad nehmen könnt.

Du kannst ...

... auch einen Willkommensdrink zubereiten, z. B. Kleelimonade oder Ingwer-Sprudel, und ihn in hübschen Gläsern servieren.

Fertige ...

... eventuell kleine Schilder, die erklären, worum es sich bei den verschiedenen Produkten handelt und warum man sie anwendet.

Beende den Tag ...

... mit einer gesunden Mahlzeit – einem frischen Sandwich, einem Salat oder etwas anderem Leichten, das du schon vorbereiten kannst.

»Schönheitsmenü«
Wochenprogramm

Wenn ein großes Ereignis auf dich
wartet, vielleicht eine Familienfeier
oder ein Schulfest, willst du sicher so
gut wie möglich aussehen. Wenn du
eine ganze Woche lang bis hin zu deinem
großen Tag ein Schönheitsprogramm
absolvierst, wirst du nicht nur mit der
Sonne um die Wette strahlen, sondern
dich auch zum richtigen Zeitpunkt von
Kopf bis Fuß hübsch und gepflegt fühlen.
Ich habe hier einen Vorschlag für ein
recht umfangreiches Programm. Du
kannst natürlich gerne auch nur die Dinge
befolgen, die dir Spaß machen, oder
andere Produkte anwenden als die,
die hier vorgeschlagen sind.

Die Schönheitswoche beginnt damit, dass du deine Haut säuberst, von Schüppchen befreist und eventuelle Unreinheiten behandelst. Anders ausgedrückt: Erledige die ganze grobe Arbeit, sodass deine Haut ausreichend Zeit hat, um sich wieder zu beruhigen, und nicht rot oder irritiert ist, wenn du alle überstrahlen möchtest.

Wenn du dich viel in der Sonne aufhältst, denke daran, besonders nach dem Peeling sorgfältig Sonnencreme aufzutragen, da deine Haut dann sehr empfindlich ist. Solltest du auf dem Fest Make-up tragen, so meide am besten die Woche vorher direkte Sonneneinstrahlung, da es fast unmöglich ist, auf einer sonnengebräunten Haut ein schönes Make-up aufzutragen.

Zusätzlich zu den Kosmetikbehandlungen empfiehlt es sich, Dinge zu essen, die deine Schönheit fördern (S. 114), und darauf zu achten, dass du deinen Schönheitsschlaf bekommst (S. 124). Vielleicht kriegst du ja auch Lust darauf, eine Spiegelübung (S. 146) oder eine Visualisierung auszuprobieren.

Je mehr du dich selbst verwöhnst, umso schöner wirst du dich fühlen und umso mehr kannst du das Fest oder den Anlass genießen, auf den du dich schon so sehr freust.

Tag 1

Dampfbad, Sauna, Trockenbürsten, reinigendes Fußbad mit Ingwer

Die Schönheitswoche beginnt mit der Reinigung. Es wäre natürlich optimal, wenn du Zugang zu einer Sauna oder einem Dampfbad hättest. Ansonsten kannst du ein Trockenbürsten durchführen und ein reinigendes Fußbad mit Ingwer nehmen (S. 118 bis 121).

Tag 2

Körper- und Gesichtspeeling

An Tag 2 entfernst du alle abgestorbenen Hautzellen und bereitest deine Haut für die Behandlungen des nächsten Tages vor. Verwende Peeling aus Seetang und Sand (S. 62) oder Peeling mit Kaffee (S. 64). Im Gesicht kannst du die Tomatenmaske (S. 16) für das besondere Strahlen oder die Kiwi-Maske mit ausgleichendem Effekt anwenden (S. 14).

Tag 3

Dampfbad und tiefenreinigende Maske (Akne-Behandlung)

Jetzt wird es Zeit, mögliche Unreinheiten zu entfernen, die du an Tag 1 und 2 nicht losgeworden bist. Beginne mit einem Dampfbad, das deine Poren im Gesicht öffnet. Bring eine Kanne Wasser zum Kochen und gieße es in eine Schüssel. Gib eine Handvoll getrocknete Kamillenblüten oder -Tee hinzu und beuge deinen Kopf über die Schüssel. Lege eventuell ein Handtuch über den Kopf, sodass du etwas Dampf darin auffängst. Aber pass auf, dass du dich nicht verbrühst! Das Bad sollte etwa 10 Minuten dauern oder so lange, bis kein Dampf mehr aufsteigt. Tupf dein Gesicht anschließend mit einem Handtuch trocken.

Mische nun eine Maske aus 25 Gramm Hefe, 2 EL warmem Kamillentee und 1 EL Honig zusammen. Verteile die Masse im Gesicht und lass sie circa 10 Minuten lang einziehen. Die Hefe wirkt tiefenreinigend, der Honig antiseptisch und der Kamillentee beruhigt die Haut.

Du kannst alternativ auch die Eis-Maske von Seite 26 anwenden.

Tag 4

Beruhigendes Gesichtswasser und weich machender Lippenbalsam

Dein Gesicht hat nun drei Tage mit vielen Behandlungen hinter sich und deine Haut ist vielleicht etwas empfindlich. Jetzt aber bekommt sie Ruhe. Nimm also keine weiteren Gesichtsbehandlungen vor. Gib der Haut stattdessen Fett oder Feuchtigkeit, je nach Hauttyp (S. 10), und bedecke sie, wenn du viel Sonne oder kalten Wind abbekommst.

Bereite dir ein mildes Gesichtswasser aus grünem Tee und Zitrone zu sowie einen Lippenbalsam mit Rose. Weiche Lippen und frische Haut sind an deinem großen Tag ein absolutes Muss.

Tag 5

Haare

Glänzendes Haar verleiht ein gepflegtes Aussehen und kommt niemals aus der Mode. Wasche dein Haar mit einem milden Shampoo und gönne ihm danach eine Haarkur mit Kürbis (S. 46). Sollte dein Haar schnell fettig werden, kannst du auch nur eine Spülung verwenden. Gib sie nur in die Haarspitzen, nicht aber ins Haar nahe der Kopfhaut. So vermeidest du, dass es zusammenklebt.

Du kannst auch das Trockenshampoo auf Seite 48 zubereiten und es die nächsten paar Tage anwenden. Es ist nämlich besser, kurz vor deinem Fest aufs Haarewaschen zu verzichten, da sich Haar, das nicht ganz frisch gewaschen wurde, leichter stylen lässt.

Tag 6

Füße

Am Tag 6 kommen die Füße an die Reihe. Stelle eine Fußmaske mit Ananas (S. 88) her und nimm danach ein Fußbad mit Badebomben (S. 90), welches die Füße kühlt und erfrischt. Oder aber wähle eines mit Kiefernnadelsalz, das gut gegen Geruch und Fußschweiß wirkt (S. 94). Schneide und feile deine Nägel, entferne eventuell Hornhaut. Creme die Füße mit einer guten Salbe (S. 79) oder einem Lotion Bar (S. 74) ein.

Du kannst bei Bedarf auch ein Fußdeodorant herstellen, das du den Rest der Woche an deinen Füßen und in deinen Schuhen anwenden kannst. Damit gehst du auf Nummer sicher, dass schlechte Gerüche nach einem langen Tag oder Abend in denselben Schuhen keine Chance haben (S. 98).

Tag 7

Hände

Schöne Hände vollenden einen tollen Look. Sie sehen am allerbesten aus, wenn die Nägel gesund und gut gepflegt sind, die Haut weich und gleichmäßig ist.

Beginne mit einem Nagelbad, das deine Nägel schön weiß macht. Nimm danach das weich machende Bad mit Milch und Mandelöl (S. 102).

Schiebe deine Nagelhaut mithilfe eines Nagelstäbchens zurück, reinige und schneide oder feile deine Nägel.

Bevor du ins Bett gehst ...

... kannst du den morgigen Tag planen. Was willst du anziehen? Ist die Kleidung sauber, gebügelt und anziehfertig? Du kannst alles, was du tragen möchtest, auf einen Bügel hängen, die Schuhe putzen und darüber nachdenken, welcher Schmuck gut dazu passt und wie dein Haar sitzen soll. Solltest du Nagellack auflegen, krame ihn schon einmal hervor. Je mehr du vorbereitet hast, desto besser wirst du schlafen – und es ist besonders wichtig, am großen Tag gut ausgeruht zu ein.

Der große Tag

Jetzt wird es Zeit für das letzte Finish. Nimm dir ein paar Stunden Zeit für die Vorbereitungen, damit du diese auch genießen kannst.

Beginne mit einem wohltuenden Bad, wasche aber dein Haar nicht (verwende eventuell eine Duschhaube). Creme dich nach dem Bad mit einem Lotion Bar ein und verwöhne dich mit einem tollen Körperpuder, der deine Haut weich macht. Hülle dich dann in einen warmen Morgenmantel.
Wenn du Nagellack auftragen möchtest, dann tu dies direkt nach dem Bad. Plane mindestens eine Viertelstunde ein, bis der Lack trocken ist. Jetzt kommen die Haare an die Reihe. Wenn du keine Übung darin hast, deine Wunschfrisur zu stylen, kann das eine ganze Weile dauern. Verwende die richtigen Produkte, damit du keinen Bad Hair Day erlebst. Wenn du einen wuscheligen Sommerlook haben möchtest, verwende Salzwasser-Spray. Wünschst du dir ein Styling mit Volumen oder offenes Haar, das den ganzen Tag perfekt sitzt, versuche es mit dem Haarpuder auf S. 56. Abschließend kannst du, falls du so etwas verwendest, ein leichtes Make-up auflegen, bevor es an der Zeit ist, sich anzuziehen.

Denke an ein kleines Täschchen für den Lippenbalsam und das Gesichtswasser. Es ist wirklich angenehm, wenn man sich im Laufe des Tages immer wieder erfrischen kann.

Denke immer daran, du bist schön!

Gut zu wissen

Wasserbad

Ein Wasserbad ist eine schonende Schmelzme-thode. Wenn du deine Zutaten auf diese Weise schmelzen lässt, kannst du sicher sein, dass sie nicht durch zu hohe Temperaturen zerstört werden. Du stellst einen Topf mit Wasser auf den Herd und platzierst eine kleinere Schüssel darin. Schüssel und Topf müssen von der Größe her so zusammenpassen, dass sich das, was du in der Schüssel schmelzen möchtest, nur zur Hälfte unter Wasser befindet. Das Wasser im Topf darf nicht kochen. Halte die Temperatur stets unter dem Siedepunkt.

Abseihen

Wenn du Pflanzenteile oder Ähnliches aus einem Öl oder einer anderen Flüssigkeit sieben möchtest, kannst du einen Teefilter aus Stoff oder einen Kaffeefilter aus Papier verwenden. So werden selbst die allerkleinsten Pflanzen-teile ausgesiebt und du erhältst eine schöne klare Flüssigkeit.

Infusion

Es gibt zwei Möglichkeiten, einem Öl die positiven Wirkstoffe z.B. von Seetang, frischen Blumen oder getrockneten Pflanzen zuzufüh-ren. Dies nennt man ein Öl infundieren, das Ergebnis ist eine Infusion. Die eine Methode ist nicht besser oder richtiger als die andere. Bei beiden Methoden ist es auf jeden Fall immer wichtig, dass die Pflanzen, die du benutzt, sauber und vollständig trocken sind.

Methode 1

Gib deine Pflanzen, Blumen oder den Tang in eine luftdicht verschließbare Flasche oder ein Glas. Gieße das flüssige Öl darüber, bis es den Inhalt bedeckt, und verschließe das Behältnis sorgfältig. Stelle das Öl mindestens 14 Tage, am besten 3 Wochen lang, auf ein sonniges Fensterbrett. Schüttle und drehe die Flasche täglich, damit sie von allen Seiten Sonne bekommt. Wenn die Zeit vorüber ist, seihst du das Öl ab – nun ist es bereit zur Anwendung. Diese Methode lässt sich nur bei flüssigen Ölen anwenden. Solltest du feste Öle infundieren wollen, kannst du Methode 2 anwenden, die sowohl für flüssige als auch feste Öle geeignet ist.

Methode 2

Gib das Öl zusammen mit jenen Zutaten, mit denen du es infundieren willst, in ein Was-serbad. Lass das Ganze mindestens 1 Stunde lang simmern. Pass während dieses Prozesses gut auf den Topf auf, denn das Wasser darf zu keinem Zeitpunkt zu warm werden (kochen). Die meisten bevorzugen diese Methode, da das Öl nur für kurze Zeit erwärmt wird und daher das Risiko, dass es ranzig wird, nicht so hoch ist. Außerdem ist es auf dem Herd einfacher, die Temperatur zu steuern, als auf dem Fenster-brett, wo es starke Schwankungen geben kann.

Doppelte Infusion

Mit beiden Methoden lässt sich auch eine doppelte Infusion machen. Das bedeutet, dass du, nachdem du das Öl einmal infundiert hast, es abseihst, die Pflanzenteile entfernst und die Infusion wiederholst. Das zweite Mal mit demselben Öl, aber neuen Pflanzen. Auf diese Weise wird dein infundiertes Öl doppelt so wirkungsvoll.

Basisöle

Basisöle sind flüssige Öle, die zur Verdünnung ätherischer Öle verwendet werden. Sie dienen außerdem als Grundsubstanz vieler Rezepturen. Hier handelt es sich um Öle, die du sicher in der Küche hast, z.B. Olivenöl, Traubenkernöl,

Sonnenblumenöl oder andere aus Pflanzen, Samen oder Früchten. Dazu gehören auch Aprikosenkernöl, Mandelöl oder Kokosöl sowie all die anderen spannenden Öle, die in den Regalen von Reformhäusern und anderen Läden zu finden sind. Nicht alle sind gleich gut für Kosmetikprodukte geeignet. Die Faustregel lautet, dass alle Pflanzenöle verwendbar sind. Das Einzige, was du selbst entscheiden musst, ist, ob du ein geruchsneutrales Öl möchtest oder eines, das ein eigenes Aroma hat. So riecht z. B. Sesamöl sehr stark und eben vielleicht nicht so, wie du es in einer Maske oder einem Lotion Bar magst. Weizenkeimöl hat ebenfalls einen starken Geruch, hilft aber so gut gegen Narben, dass du möglicherweise der guten Wirkung zuliebe darüber hinwegschaust.

Im Buch habe ich die Öle angewendet, die meiner Meinung nach am besten zum jeweiligen Rezept passen. Wenn du aber nicht genau das Öl zu Hause hast, das ich verwendet habe, versuche es doch einfach mit einem anderen. Das einzige Öl, das man nicht so einfach austauschen kann, ist Kokosöl.

Kokosöl

Kokosöl gibt es in vielen verschiedenen Qualitätsstufen und es ist leicht erhältlich, sowohl im Supermarkt, im Reformhaus als auch in Online-Shops. Das Produkt Palmin, das es in fast allen Supermärkten gibt, besteht aus 100 Prozent Kokosöl.

Zwischen den Ölvarianten gibt es große Unterschiede, was den Preis sowie die Produktionsweise betrifft. Die teuersten Varianten sind kalt gepresste, native Bio-Öle. Das billigste ist Palmin. Es wird bei hohen Temperaturen gewonnen und danach gebleicht. Das bedeutet, dass viele der guten Stoffe, die in den teuren Ölen erhalten bleiben, in Palmin nicht mehr zu finden sind. Jegliche Art von Kokosöl, vom teuersten bis zum billigsten, ist für die Rezepte in diesem Buch geeignet. Es liegt an dir, welches

du verwenden möchtest. Allerdings gehen Preis und Qualität beim Kokosöl Hand in Hand.

Andere feste Öle

Wenn du mit anderen festen Ölen außer Kokos arbeiten willst, kannst du auch Kakaobutter oder Sheabutter verwenden. Tausche z. B. ⅓ des Kokosöls in einem Lippenbalsam oder einem Lotion Bar durch Shea- oder Kakaobutter aus. Sie haben die gleiche feste Konsistenz wie Kokosöl, enthalten aber ein paar andere gute Stoffe. Ich habe sie in diesem Buch nicht angewendet, weil sie im Vergleich zu Kokosöl recht teuer sind.

Tipp

Spüle deine Gläser und Behälter mit kochendem Wasser aus, bevor du sie benutzt. So werden sie komplett sauber und bakterienfrei. Achte darauf, dass sie vollständig trocken sind, bevor du die Produkte hineinfüllst.

Haltbarkeit

Ein Vorteil deiner selbst gemachten Kosmetika ist, dass sie keine ungesunden chemischen Zusatzstoffe enthalten. Das bedeutet aber natürlich auch, dass deine selbst gemachten Schönheitstricks nicht so lange halten wie gekaufte Produkte.

Produkte, die Wasser enthalten, müssen im Kühlschrank aufbewahrt werden. Produkte, die aus Pflanzenaufguss und Tee bestehen, halten kürzere Zeit als jene, die mit reinem Wasser hergestellt wurden. Die Haltbarkeit dieser Art von Kosmetika liegt zwischen einer und drei Wochen, je nachdem, wie kalt sie aufbewahrt werden.

Rezepte mit frischen Lebensmitteln wie Joghurt, Obst oder Gemüse haben eine sehr kurze Haltbarkeitsdauer. Sie sollten am besten sofort nach Herstellung angewendet werden. Oder aber sie müssen kühl gestellt und am selben Tag noch oder allerspätestens am Tag darauf verbraucht werden.

Produkte mit Öl halten im Prinzip so lange wie dasjenige im Produkt enthaltene Öl mit der kürzesten Haltbarkeit. Schau deshalb also auf der Packung nach, bevor du deine Produkte herstellst. Sollte eines deiner Öle schon nahe am Verfallsdatum sein, wird dein ganzes Produkt bald nicht mehr brauchbar sein. Wenn du ein Öl zu stark erwärmst, es zu warm lagerst oder es zu alt wird, kann es schnell ranzig werden. Du kannst es deutlich riechen, wenn es ranzig geworden ist. Es bekommt dann einen ganz unangenehmen Geruch, den es im frischen Zustand nicht hat.

Für andere Produkte oder Mischungen gilt das Gleiche. Die Haltbarkeitsdauer hängt vom Ablaufdatum der einzelnen Zutaten ab, die du verwendet hast.

Wo kann man die Zutaten kaufen

Die Vor- und Zubereitung der Rezepte in diesem Buch soll unkompliziert sein. Deshalb kann man alle Zutaten, die man braucht, im (Bio-)Supermarkt, Reformhaus, Drogeriemarkt oder auch online kaufen.

Warnung

Allergietest
Bevor du die Kosmetika anwendest, die im Buch beschrieben sind, solltest du sichergehen, dass du sie auch verträgst. Gib eine kleine Menge des Produktes auf die Unterseite deines Handgelenks und lass es mindestens eine Stunde lang einwirken. Wenn Juckreiz, Rötungen oder Ausschlag entstehen, solltest du das Produkt nicht anwenden.

Übermäßiger Gebrauch

Bei einem übermäßigen Gebrauch der Kosmetika besteht stets die Gefahr, die Haut zu schädigen, auch wenn du nicht allergisch auf die Zutaten reagierst. Das liegt daran, dass sich die Haut zwischen den Behandlungen erholen muss. Wenn sie zu wenig Zeit dafür bekommt, kann sie rot oder irritiert werden. Sofern in den einzelnen Rezepten nicht anders angegeben, solltest du die Anwendung der Kosmetika auf einmal pro Woche begrenzen. Oder sie sogar noch seltener verwenden, wenn du besonders empfindliche Haut hast. Spürst du irgendeine Art von Juckreiz beziehungsweise Brennen oder rötet sich deine Haut plötzlich stark, solltest du das Produkt so schnell wie möglich abwaschen.

Wenn du eine Parfümallergie hast

Solltest du eine Parfümallergie haben, so vermeide ätherische Öle in deinen Produkten. Sie werden hier vor allem wegen ihrer Dufteigenschaften verwendet und können bei den allermeisten Rezepten weggelassen werden, ohne dass es die Wirkung beeinträchtigt. Dies gilt allerdings nicht für Riechsalze.

Kleidung und Accessoires stammen von:
Y.A.S.
Glitter
Only
Hunkemüller
Lasse Spangenberg
Blue Sportswear
Gat Rimon
Isaksen
M. Wiesneck
Tamaris

Nägel:
Paw Froberg Pedersen

Haare:
Friseur Goldlock

Modelle:
Karla Rye Schierbeck, Aida Kofod Sæwenfalk,
Nikoline Eggert Poulsen, Josefine Ludvigsen

Styling, Haare und Make-up:
Inez Gavilanes

1. Auflage 2017
© für die deutsche Ausgabe: Arena Verlag GmbH,
Postfach 5169, 97001 Würzburg, 2017
Alle Rechte vorbehalten
Die dänische Originalausgabe erschien erstmals 2015 unter dem Titel »Hej Smukke, naturlige skønhedsprodukter du selv kan lave« bei Forlaget Carlsen.
Idee und Text © 2015 Inez Gavilanes und Carlsen Verlag
Fotos: © 2015 Nicolai Reitz und Carlsen Verlag
Grafische Gestaltung: Charlotte Flemmer
Übersetzung aus dem Dänischen: Eva Eckinger
Grafische Gestaltung für die deutsche Ausgabe: Malte Ritter
Lektorat für die deutsche Ausgabe: Nadja Runschke

ISBN 978-3-401-71090-7
www.arena-verlag.de

Sabine Lemire

Kreative Weihnachtstage
140 Ideen zum Basteln, Dekorieren und Backen

Adventskalender? Selbst genäht. Adventskranz? Selbst geklebt. Baumschmuck? Selbst gewebt. Und all die Leckereien werden ebenfalls eigenhändig gebacken und gekocht: Plätzchen, Pralinen und die Vorspeise für Heiligabend. Ein Weihnachtsbuch, bei dem man jede Idee sofort ausprobieren will – und zwar mit der ganzen Familie.

Arena

128 Seiten • Gebunden
ISBN 978-3-401-70873-7
www.arena-verlag.de